中公新書　1961

武村雅之著

地震と防災

“揺れ”の解明から耐震設計まで

中央公論新社刊

はじめに

ガタガタガタ……、東京郊外のJR町田駅でのことである。夕刻、自宅のある八王子へ帰るために、電車を待っていた私は、一瞬あたりを見回した。揺れはしばらく続いた。震度3くらいかなあ！ 結構大きな規模の地震がどこかで起こったのかもしれない。電車はすぐに来たので、車内でさっそく携帯ラジオのスイッチをひねった。平成一六（二〇〇四）年一〇月二三日（土）の夕刻、新潟県中越地震の発生を知ったときのことである。

ラジオを聴いて私は耳を疑った。実はその六日後の一〇月二九日（金）に地元新聞社の依頼により、長岡《ながおか》市で「地震への恐怖から理解へ——その時あわてないための秘訣」と題して、防災講演会の講師を務める予定になっていたからである。ちょうどその日の午前中まで、自宅で講演の準備をしていた矢先の出来事だった。

講演では、土地柄に合わせて、文政《ぶんせい》一一（一八二八）年に長岡市のすぐ北にある三条《さんじょう》市を中心に一五〇〇人以上の死者を出したいわゆる三条地震と、中越地方に隣接する長野県北部で弘化《こうか》四（一八四七）年に起こり、数千人の死者を出したいわゆる善光寺《ぜんこうじ》地震を例に引き、市民の方々に対し、地震防災についての注意を喚起しようと計画していたのである。

三条地震については、地震の際に人々のために奔走した小泉其明《こいずみきめい》という村役人が、そのときの様子を『画帖懲震秘鑑《がちょうちょうしんひかん》』に克明に描いている。其明はそのなかで、「地震災害は先人の教えを皆忘れてしまうからいけないのだ。昔の教訓を心にとめて普段から用心しておけば、今回のように慌てさまようようなことはなかったはずだ。と言ってもすでに起こってしまったことは仕方がない。せめてこの度のことを記して子孫への戒めとしたい」と心のうちを述べている。

また、善光寺地震については、松代《まつしろ》藩のお抱え絵師青木雪卿《せっけい》が、藩の命を受けて、長野盆地の西部山地各所で起こった大規模な地すべりの様子を数十枚の絵図に残している。この地震の際には、信濃《しなの》川の支流の犀《さい》川を地すべりによる土砂がせき止め、天然ダムをつくり、ほぼ二〇日後に決壊、川中島平《かわなかじまだいら》に土石流をもたらすという二次災害を引き起こしたことも伝えられている。雪卿の絵図や地すべりによる天然ダムは、その後テレビで次々と伝えられた中越地震の被災地の一つ、山古志《やまこし》村の様子と酷似していた。

其明が「せめてこたびはかくありけりと……」と言って悔しがった思いが、一八〇年後の今日、被災地の住民や行政の方々に伝わっていたのだろうか。「せめてもう一週間、講演の予定が早ければ多少なりともお役に立てたかもしれない……」。地震学者としてとても切なく、其明の気持ちの一端に触れたような思いがした。

こんな経験も手伝って本書を書こうと思い立った。日本人が地震を知り災害を防ぐために努力してきた歴史を基礎に、地震と防災の知識が一般社会でより身近なものとなり、市民が来るべき地震に対しごく普通に準備がすすめられるようになるための一助となることが本書の目的である。今度こそ、其明のような悔しい思いをすることが繰り返されないようにするために。

目 次

地震と防災——〝揺れ〟の解明から耐震設計まで

第一章　震災に学ぶ

1　関東大震災

日本人は古来、地震列島に住む宿命として地震災害に悩まされ続けてきた。したがって日本には膨大な震災の記録が残されている。そのなかでも関東大震災はわが国の歴史上もっとも大きな被害を出した自然災害であり、地震災害のさまざまな様相を理解する上でまたとない過去の経験である。ところが、関東大震災に関しては、意外に多くの疑問や誤解があった。平成に入った一九九〇年ごろより、それらの疑問を解消すべく残された資料の再調査を行ってきた。

「大正一二（一九二三）年九月一日のお午《ひる》ちょっと前、マグニチュード七・九の巨大地震が南関東地域を襲いました。昼食の支度に多くの家庭で火を使っていたため、東京・横浜を中心に火災が発生し、一四万人もの死者・行方不明者を出す大惨事となりました。これを機に日本ではじめての耐震基準が整備され、それ以後日本の建物は関東大震災規模の地震でも壊れないように設計されるようになりました」

これは、以前から、関東大震災の解説でよくいわれていたことであるが、このなかにも根拠がわからないことや明らかな誤り、理解しにくいことなどがある。そうした点について一つずつ取り上げてみたい。

マグニチュード七・九？

地震の震源の規模を示すのによく使われているのがマグニチュードMである。関東大震災を引き起こした関東地震のMは通常七・九といわれているが、困ったことにその根拠ははっきりしなかった。

そもそもマグニチュードが生まれたのは米国で、関東地震の発生から一〇年余り後、気象庁でマグニチュードMを決める方法が考案されたのは三〇年も経ってからである。その間日本では独自に、昭和一八（一九四三）年に震度から決めるマグニチュードM_kが考案された。

M_kは発案者の東大地震研究所教授の河角廣《かわすみひろし》（一九〇四〜七二）にちなんで河角マグニチュードと呼ばれる。河角マグニチュードM_kは、震源からの距離一〇〇キロメートルの地点の震度として定義された。いろいろ調査をすると、関東地震の際、東京の中央気象台での震度が6だったということからM_k六を求め、昭和二五年ごろに、それをMとの経験的な関係式に入れてM七・九が評価されたようである。東京を関東地震の震源から一〇〇キロメートルの地点だと決め付けたことや東京の震度も場所によってさまざまであることを考えると、M七・九は、当時としても相当大胆な判断のもとに評価されたといわざるを得ない。

気象庁発表のMも含め、Mは地震計で観測された地震記録の最大振幅値から決められる。関東地震当時、すでに日本では世界でもっとも密度の高い地震観測網があったが、ほとんどすべての観測点で地震計の針が振り切れてしまったといわれていた。それでも調査をすると、六地点で、振り切れずに揺れを完全に書きとめた記録が見つかった。それらを用いて、気象庁のやり方でMを決めるとM八・一±〇・二となる。結果的には、M七・九も誤差の範囲で許容できることがわかった。これもひとえに、気象庁の測候所や大学が当時の地震記録を保管してくれていたからである。

死者・行方不明者数一四万二〇〇〇人？

関東大震災による死者・行方不明者の数が一四万二〇〇〇人というのは、『震災予防調査会報告』第一〇〇号甲（大正一四年）の、東京市、横浜市、横須賀市および府県別の被害の集計表にある死者数と行方不明者数を足し合わせた数字である。この表は、震災直後の一二月に東大に新設された地震学科の初代教授となった今村明恒《いまむらあきつね》（一八七〇〜一九四八）がまとめたものである。

しかしながら、この表の数字がおかしいことは一目みてわかる。それは、東京府の行方不明者の数から東京市の数を引くと、東京府下で三万九〇〇〇人もの行方不明者が発生したことになってしまう点である。そこで、市町村ごとにまとめられた元のデータに立ち返り、さらに国が国勢調査方式で行った被害の調査結果も調べて、死者・行方不明者数を数えなおしてみた。そうすると、総数はどちらも一〇万五〇〇〇人にしかならないことがわかった。

ではなぜ一四万二〇〇〇人となったのだろうか。『震災予防調査会報告』第一〇〇号戊《ぼ》（大正一四年）の火災編によれば、東京市での死者数の大多数は火災によって身元がわからない遺体で、うち約四万二〇〇〇体は性別不詳。一方、東京府の集計の行方不明者数は約三万九〇〇〇人であり、これらは家族や友人などから警察に捜索願のあった数で、死者数とかなり重複しているだろうということである。つまり、死者・行方不明者数一四万二〇〇〇人のうちの三万～四万人分は重複して勘定され、その分過大評価となっていると考えてほぼまちがいないものと思われる。

教科書や新聞・テレビなどのマスコミがよく用いる地震災害の被害数は、国立天文台編『理科年表』（丸善）のなかの「日本付近のおもな被害地震年代表」の数字に基づくことが多い。前述のような事情を考慮して毎年の『理科年表』をみると、一九八〇年代には死者九万九三三一人、行方不明者四万三四七六人と書かれていたのが、九〇年代には死者・行方不明者一四万二〇〇〇人余という表現になっていることがわかった。先の編集者は『震災予防調査会報告』第一〇〇号戊の記載から重複の可能性を承知して、死者と行方不明者を別々に書いていたのに、交替後の編集者はそのことを知らずに足し合わせた結果、一四万二〇〇〇人という数字が出現したと思われる。

我々が、死者・行方不明者の数字を書き換えてもらうべく、再評価した結果を持ち出した際に、よく聞かれたことは、一四万二〇〇〇人の数字の根拠は何かということだった。真相は完全には明らかではないが、地震から七〇年も後に生まれた数字である可能性も考えられる。過去の数字を書き改める際には、その数字が書かれた意味や周辺の資料も十分調べた上で、慎重な対応が必要である。

平成一八年版の『理科年表』から我々の結果が採用され、死者・行方不明者数は一〇万五

表1　関東大震災の被害（諸井孝文・武村雅之〔平成16年〕）　＊住家被害棟数の合計欄は、全潰、半潰の非焼失分と焼失、流失埋没の合計

府県	住家被害棟数							死者数（行方不明者含む）				
	全潰	（うち）非焼失	半潰	（うち）非焼失	焼失	流失埋没	合計*	住家全潰	火災	流失埋没	工場等の被害	合計
神奈川県	63577	46621	54035	43047	35412	497	125577	5795	25201	836	1006	32838
東京府	24469	11842	29525	17231	176505	2	205580	3546	66521	6	314	70387
千葉県	13767	13444	6093	6030	431	71	19976	1255	59	0	32	1346
埼玉県	4759	4759	4086	4086	0	0	8845	315	0	0	28	343
山梨県	577	577	2225	2225	0	0	2802	20	0	0	2	22
静岡県	2383	2309	6370	6214	5	731	9259	150	0	171	123	444
茨城県	141	141	342	342	0	0	483	5	0	0	0	5
長野県	13	13	75	75	0	0	88	0	0	0	0	0
栃木県	3	3	1	1	0	0	4	0	0	0	0	0
群馬県	24	24	21	21	0	0	45	0	0	0	0	0
合計	109713	79733	102773	79272	212353	1301	372659	11086	91781	1013	1505	105385
（うち）												
東京市	12192	1458	11122	1253	166191	0	168902	2758	65902	0	0	68660
横浜市	15537	5332	12542	4380	25324	0	35036	1977	24646	0	0	26623
横須賀市	7227	3740	2514	1301	4700	0	9741	495	170	0	0	665

〇〇〇人余、同時に住家の全潰、半潰、焼失数の数字も我々の調査結果に書き換えられた。表1がその結果である。震災後八〇年を経過して真実に一歩近づいたことになる。なお全潰、半潰は、現在では漢字の制約から同じ意味で、全壊、半壊と書くが、以前は潰の字を使う場合が多かった。漢字本来の意味からすれば、〝潰《つぶ》れる〟の方が〝壊《こわ》れる〟より適切だと思えるので、本書ではその時代の使い方に倣うことにする。

大火災の原因は？

関東大震災の死者・行方不明者の約九割は、火災によると推定される。大火災の原因は、地震の発生が昼食時の

少し前（東京での揺れ始めは午前一一時五九分ごろ）で火を使う家庭が多かったからとよくいわれる。同じように東京が強い地震の揺れに見舞われた安政《あんせい》二（一八五五）年の安政江戸地震（死者七〇〇〇人余り）の発生時刻は夜の一〇時ごろで、なるほど火を使う時刻ではなく、火災は関東地震のときほどではなかった。しかしながら火災は天候とも大きな関連をもっており、ただ単に発生時刻のみが強調されるのはいささかおかしいと思う。

関東地震の際には、前日九州西岸にあった台風が当日の朝には能登半島付近まで進み、関東地方では、朝から風速毎秒一〇メートル余の強風が吹いていたといわれている。江戸、東京が、関東大震災と同じような大火災に襲われたのは、明暦《めいれき》三（一六五七）年のいわゆる明暦の大火である。この大火は地震とは無関係だが、江戸城を焼くほどで、実に一〇万人以上の犠牲者を出したといわれている。このときも一月の冬の季節風が吹き荒れていた。これに対して安政江戸地震の際は、天候もおだやかで関東地震のときとは大きく違っていた。

さらに、後で述べるように火災は揺れによる被害とも相関がある。このため同じ東京市中でも、死者の発生状況は場所によって大きく異なっている。現在、関東地震が発生した九月一日は「防災の日」と呼ばれている。それまで「関東大震災記念日」と呼ばれていたのを、昭和三五（一九六〇）年から呼び名を変えたものである。

昭和三五年といえば、前年に死者・行方不明者五〇〇〇人余を出した伊勢湾台風が襲来し、

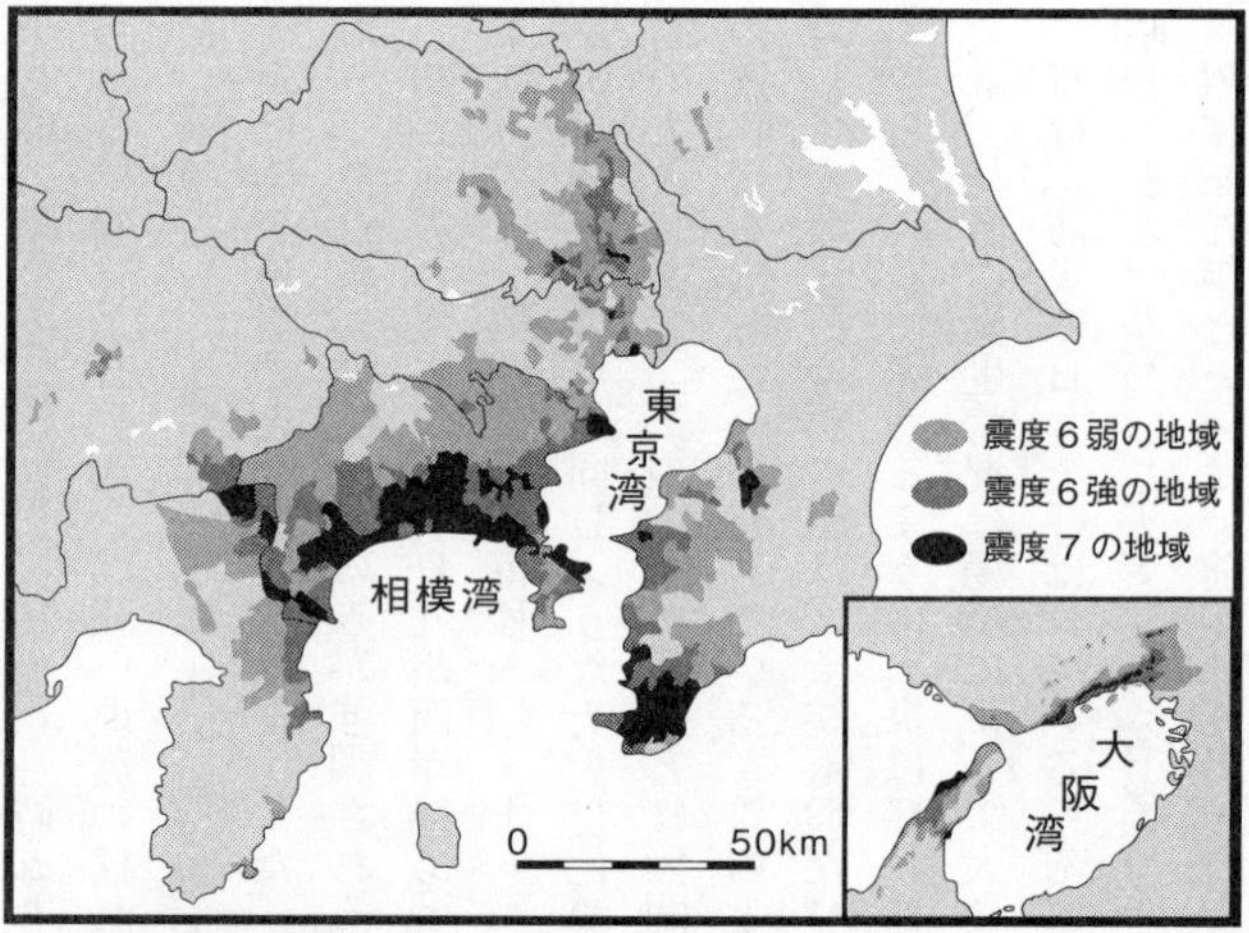

図１　関東地震と兵庫県南部地震の震度分布の比較（国立科学博物館編『THE 地震展』図録〔平成15年〕より転載）

地震だけでなく台風による災害の予防もめざして「防災の日」となった。九月一日ごろは立春から数えて二一〇日で昔から台風の襲来が懸念される日付でもある。関東大震災のときは九月二日が二一〇日であった。関東大震災の被害そのものも台風と密接に関連していたのである。

関東地震は東京の地震？

関東地震は、東京、横浜での大火災による被害があまりに大きかったために、東京の地震と思っている人も多い。日本では関東地震と呼ばれているが、諸外国では“Tokyo Earthquake”と呼ばれることもある。

　ところが、震源域は相模湾《さがみ》を中心に広がり、住家の全潰率から評価した震度分布をみても、神奈川県から千葉県南部を中心に震度7や6の領域が広がっている。図1に示すように震度分布を平成七（一九九五）年の兵庫県南部地震と比較すると、震度7や6強以上の領域は、実に一〇倍以上の広がりをもっている。

　一〇万五〇〇〇人の死者・行方不明者数のうち、火災以外の数は約一万三〇〇〇人、そのうち強い揺れによって住家が全潰したことによる数は約一万一〇〇〇人である。この数は兵庫県南部地震による直接の死者数約五五〇〇人や、わが国で最大級の内陸直下地震といわれる明治二四（一八九一）年の濃尾《のうび》地震の死者数七二〇〇人をはるかに上回るものである。なお、兵庫県南部地震については関連死も含めて六〇〇〇人以上の死者数が報告されているが、本書ではほかの地震と同様に地震直後に集計された数を直接の死者数として記す。

　表1をみると、地域別には震源域の直上で震度7の激震地区を広くもつ神奈川県がその約半分を占め、人口密集地の東京市を含む東京府がそれに次いでいる。神奈川県はこのほかに津波や山崩れ等の被害も多く、そういう面からみれば、関東地震は東京の地震というよりも神奈川県の地震という方が適切である。

阪神・淡路大震災の揺れは関東大震災の三倍？

平成七（一九九五）年に兵庫県南部地震が発生し、西宮《にしのみや》から神戸、さらには淡路島にかけて多くの住家やビルが被害を受けた。また、高速道路が倒れたり、新幹線の高架橋が壊れたり、橋が落ちたりと、目を覆いたくなるほどの大きな被害が相次いだ。その際に、構造物や耐震規定を管理する国や地方の役人がよくいった言葉がある。それが「設計の基準にしている関東大震災の三倍の揺れが来たので被害が出た」である。国民の側に立てば、ちょっと言い訳がましく聞こえる一方で、海溝型地震である関東地震の揺れがそれほどでもなかったような印象を受けた。

この言葉のうち、気になるのは「関東大震災の揺れ」という言葉である。この言葉を真に受けた人のなかには、「阪神・淡路大震災の揺れは関東大震災の揺れに比べてはるかに強く、予想もできないほどだった」などと勝手な解釈をし、まことしやかに話す人もいた。ところが、それが偽りであることは図1にある両者の震度分布図をみればすぐにわかる。ではなぜこんな話になったのだろうか。

日本ではじめての耐震基準は、大正一三（一九二四）年六月に市街地建築物法という法律のなかに規定された。もちろん前年の関東大震災の影響を受けてのことである。その際に用いられた方法が、今日でも用いられている静的震度法である。この方法は東大工学部建築学科の佐野利器《さのとしかた》（一八八〇～一九五六）が大正五、六年に『震災予防調査会報告』第八三号甲・乙で「家屋耐震構造論」上・下編として発表したものである。

ここで震度と呼んでいる量は、我々が耳慣れた、気象庁が発表しているあの震度ではない。地震時に建物が受ける水平の加速度値を標準の重力加速度値 g＝約九八一 gal（gal は cm／秒^{2}と同じ）で割り込んだ値をいう。本書では区別して水平震度と呼ぶことにする。佐野はその際、設計用の水平震度（設計震度）として〇・一つまり約一〇〇 gal を採用した。その根拠は前年の関東大震災の際に被害調査から推定された東京下町での揺れの強さが水平震度〇・三（約三〇〇 gal でほぼ震度6相当）であったことによる。

普通、設計では安全余裕を三倍くらいみていたので、〇・一をもとに設計すれば、〇・三でもぎりぎり壊れないようにできると考えたのである。被害調査から東京下町での水平震度を評価したのは今村明恒である。日本の耐震基準は、これ以後さまざまな変遷を遂げるが、揺れの強さの基準は、このとき参照された東京下町での水平震度が引き継がれてきた。「関東大震災にも耐えるように設計している」などとよくいわれるのはこのためである。耐震基準については第四章で詳しく説明する。

話を戻すと、阪神・淡路大震災ではいったいどのくらいの強さの揺れが観測されたのだろうか。関東大震災のときと異なり地震計で観測された記録があり、たとえば神戸海洋気象台では八一八gal、大阪ガスの葺合《ふきあい》供給所で八〇二galの加速度が記録され、さらに被害の大きいところでは、それ以上の強い揺れがあったことが想像された。

こんな事情から、設計の基準としていた三〇〇galの約三倍という意味で、「関東大震災の三倍の揺れ」という表現になったのであろう。ただし、関東大震災の際の揺れによる直接の被害は、東京府より神奈川県の方が多く、震源に近い神奈川県や千葉県南部を中心に、震度7の揺れに見舞われ、その広さは阪神・淡路大震災の場合の一〇倍以上にもなっていたことを考えると、数字のルーツをわきまえない軽率な発言であるといわざるを得ない。

2 震災を読み解く

このように、震災に関する資料や言い伝えには、しばしば不可解な点がある。震災の真実を知り、正しい情報として後世に伝えてゆくためには、関連する資料の保存はもちろん、それらをもとに研究や分析を続け、震災を読み解く作業が必要である。その結果は我々の震災に対する理解を深め、来るべき地震に備えるための基礎知識となる。震災とは何か？　読み解かれたいくつかの結果を紹介しよう。

住家全潰と死者数

表1では、建物被害として大多数を占める木造住家の被害を県別ならびに東京市、横浜市、横須賀市ごとに取り上げている。全体の被害におよぼす火災の影響を区別するために、同時に非焼失地域の全潰数・半潰数も示す。また焼失数には、全潰、半潰後に焼失した数も含まれる。津波による流失と土砂崩れによる埋没数は合わせて示す。合計欄は失われた家屋の総数で、非焼失地域の全潰数・半潰数、焼失数と流失・埋没数の合計が書かれている。

死者数も原因別に分類されている。住家全潰、火災、流失・埋没については、建物被害と同様であるが、工場等の被害を区別した。耐震対策がなされていない当時の工場の倒潰が多くの労働者の命を奪い、土砂災害による死者・行方不明者をも上回っているからである。全体としては火災による死者が断然多いが、先に指摘したように住家の全潰による死者も約一万一〇〇〇人と非常に多い。

住家の全潰は死者を生む大きな原因の一つである。仮に住家全潰が原因とみられる死者数で住家の全潰数を割ると、単純に全潰住家九・九棟に一人の割合で死者が出ていることがわかる。この関係をほかの地震と比較するために、次ページの表2に、明治以降わが国で発生した地震のうち、死者数の多い地震二〇例の死者数ならびに家屋喪失数を示す。家屋喪失数とは全潰、焼失、流失、埋没などによって完全に失われた住家の数である。焼失、流失、埋

表２　明治以後の被害地震20（死者・行方不明者数順）（山中浩明ほか〔平成18年〕に加筆）　＊家屋喪失数とは全潰・全焼・流失・埋没などで完全に失われた家屋数。関東地震の場合、表１における全潰の非焼失分と焼失、流失埋没の和

No.	西暦年月日	地震名	M	死者数	家屋喪失数*	主な被害原因	家屋/死者
1	1923.9.1	関東地震	7.9	105,385	293,387	火災	2.8
2	1896.6.15	三陸地震	8.5	21,959	8,891	津波	0.4
3	1891.10.28	濃尾地震	8.0	7,273	93,421	震動	12.8
4	1995.1.17	兵庫県南部地震	7.3	5,502	100,282	震動	18.2
5	1948.6.28	福井地震	7.1	3,728	39,342	震動	10.6
6	1933.3.3	三陸地震	8.1	3,008	4,035	津波	1.3
7	1927.3.7	北丹後地震	7.3	2,925	11,608	震動	4.0
8	1945.1.13	三河地震	6.8	2,306	7,221	震動	3.1
9	1946.12.21	南海地震	8.0	1,432	15,640	津波	10.9
10	1944.12.7	東南海地震	7.9	1,223	20,476	津波	16.7
11	1943.9.10	鳥取地震	7.2	1,083	7,736	震動	7.1
12	1894.10.22	庄内地震	7.0	726	6,006	震動	8.3
13	1872.3.14	浜田地震	7.1	552	4,762	震動	8.6
14	1925.5.23	北但馬地震	6.8	428	3,475	震動	8.1
15	1930.11.26	北伊豆地震	7.3	272	2,165	震動	8.0
16	1993.7.12	北海道南西沖地震	7.8	230	601	津波	2.6
17	1896.8.31	陸羽地震	7.2	209	5,792	震動	27.7
18	1960.5.23	チリ津波	–	139	2,830	津波	20.4
19	1983.5.26	日本海中部地震	7.7	104	1,584	津波	15.2
20	1914.3.15	秋田仙北地震	7.1	94	640	震動	6.8

没数を入れると関東地震の死者数は二・八棟に一人となる。表には被害に至った主な原因も示されている。

そのうち震動と書かれた一二地震に注目すると、いずれも内陸直下で発生した地震である。これらの地震に対する家屋喪失数はほぼ家屋全潰数に対応し、それぞれに対して死者一人あたりの家屋喪失数を計算すると、明治二九（一八九六）年の陸羽《りくう》地震の二七・七棟、昭和二（一九二七）年の北丹後《きたたんご》地震の四・〇棟、昭和二〇（一九四五）年の三河地震の三・一棟ならびに平成七（一九九五）年の兵庫県南部地震の一八・二棟を除くと、いずれの地震の値も六・八から一二・八の間にあることがわかる。つまり関東地震の全潰住家の場合も含めて、全潰住家約一〇棟につき一人の割合で死者が出ていたことがわかる。このような関係は、すでに今村明恒が大正三（一九一四）年の秋田仙北《せんぼく》地震の調査報告書（『震災予防調査会報告』第八二号）で指摘している。

この値からはずれる地震について考えてみると、まず陸羽地震は、発生の一週間前からたびたび前震があり、発生当日にもかなり強い前震があった。特に本震の約三〇分前にあった地震で人々の多くが戸外にいたため難を逃れたという報告がある。また、北丹後地震では京都府北部の峰山《みねやま》町（現在は京丹後市）を中心に火災があり、家屋焼失率と死亡率とが並行関係にあるとの指摘がある。

これに対して、三河地震については小さめの値を示す特別な事情は見当たらない。ただし後で触れるように、昭和二〇年の終戦間近という環境が何か影響していたのかもしれない。一二地震のうち唯一、一九五〇年以降に発生した兵庫県南部地震は、逆に大きめの値を示す。集合住宅の影響や世帯人数の減少など影響のわからない要素もあるが、第四章で説明するように、全壊数が全半壊数に対応していた可能性がある。

火災の恐怖

関東地震で多くの犠牲者を出した原因は、地震後発生した火災である。表1からわかるように火災で約九万二〇〇〇人もが亡くなった。特に多くの死者を出したのは東京市と横浜市である。東京市の死者は約六万六〇〇〇人、横浜市の死者は約二万五〇〇〇人で、関東大震災の死者のうち、実に八六%が両市の火災による死者で占められている。

当時の東京市をみると、現在のJR山手線の内側のいわゆる山の手と、隅田川の両岸に沿ういわゆる下町の地域に一五の区が広がっていた。地震の際にこれらの地域は一様に揺れたわけではなく、また地震後の火災も一面に広がったわけではない。被害の状況からみると、大略三種類の地域に分けて考えるのが適当である。被害の数値は平成一四（二〇〇二）年と一六年の『日本地震工学会論文報告集』の諸井孝文と私の結果によった。

まず第一種の地域は、浅草区北部と隅田川の東側の本所《ほんじょ》区、深川《ふかがわ》区（現在の台東区北部、墨田区、江東区）に代表される、地盤が悪く地震の揺れが大きかった地域である。これらの地域では揺れの強さは震度6強から7に達したところもあり、多くの住家が全潰した。区全体で全潰率をみると、浅草区が七・〇%、本所区が一五・六%、深川区が八・九%と、東京市のなかではもっとも高い値を示す。このためすぐに各所から火災が発生し、大混乱となって多くの死者を出した。死亡者数と区の人口から死亡率を推定すると、浅草区が三六六七人で死亡率は一・五%、深川区は四一三九人で二・四%、本所区は五万四四九八人で実に二一・九%に達した。本所区では、陸軍被服廠《ひふくしょう》跡（現在の両国国技館の北隣にある東京都慰霊堂の敷地）に逃げ込んだ人々が折から発生した火災旋風で一気に四万四〇〇〇人も亡くなった数が含まれている。

第二種の地域は、下町でも隅田川の西側の比較的地盤のよい地域である。震度も5ないしせいぜい6弱で、建物の全潰が少なく、地震直後はほとんど大きな被害が認められなかった。ところがこの地域は、第一種地域の火災の延焼とともに飛び火などによって、結局九月一日の夕刻以降に焼失してしまった。東京市の中心部にあたる、京橋区、日本橋区、神田《かんだ》区東部、浅草区や下谷《したや》区の南部（現在の中央区と台東区南部）などである。ここには官庁、会社、商店などが多数あり、地震直後はまさか焼失するとは思わず、折から土曜日だったこともあり、早々に帰宅した人が多かった。京橋区と日本橋区の住家の全潰率は〇・三九％と〇・三三％で非常に低い。一方、火災のために死者数はやや多いが、それでも九一九人と一一八九人で死亡率は〇・六七％と〇・九六％となり、第一種地域に比べるとはるかに低い値である。浅草区、本所区、深川区、京橋区、日本橋区、神田区はほぼ全域が焼失した。

第三種の地域は、山の手の各区で多くの地域が台地上に位置し、このため地盤が比較的堅く、震度は5程度で全潰率も低い。また火災の発生も少なく延焼も免れた。全潰率も一％ないしはそれ以下で死亡率も〇・二％前後の区が多い。これらの地域では、第一種地域や第二種地域から多くの避難民を受け入れた。

これら三つの地域の様子をみて気付くことは、まず第一種地域での住家の全潰が引き金となって火災が発生し、それらが第二種地域にまで広がって被害をさらに拡大させたことである。このことは住家の全潰と火災とが無縁ではなく、むしろ全潰が初期消火を妨げ、火災の発生だけでなく、延焼も助長することを物語っている。

この点をさらに強く確信させるのは横浜市である。当時の横浜市は現在の中区と西区の地域に対応し、人口約四二万人で、東京市の約二二〇万人に比べ五分の一の規模の都市であった。一方、横浜市の住家全潰棟数は約一万六〇〇〇棟と、東京市の一万二〇〇〇棟をしのぐものであった。特に大岡川《おおか》と中村川・堀川に挟まれた埋立地では、全潰率が八〇％以上に達するところが多い。この地域は現在のＪＲ関内《かんない》駅を中心とした横浜市の中心地である。このため火災の発生場所も全潰率の高いこの地域に集中し、約二九〇ヵ所におよんだ。この数は、東京市全体の数の二倍以上で、密度にすると数倍以上となる。焼失率は全市の六七％に達し、死亡率は六・六％と東京市の三・一％をはるかに上回っている。

『震災予防調査会報告』第一〇〇号戊で今村明恒は次のように述べている。

「我々は東京大火災の余りに広大なりしが為《た》めに、動《やや》もすれば他地方の火災を忘れ勝ちになる、横浜の地震が東京よりも激しかった割合に、火元は一層密に火足は一層急に災禍は一層甚《はなはだし》かった、横須賀でも……此等《これら》の各地方を閑却してはならぬこと勿論《もちろん》であるが、唯此《ただこ》の機会に於《お》ては、此等《これら》の地方の火災につき本会委員の調査を纏《まと》めることが出来なかったのは遺憾である、止むを得ず此《ここ》に概況を報じて其責《そのせめ》を塞《ふさ》ぐことにした」

地震発生当初より東京の火災に注目が集まっていたが、横浜での火災はより性急かつ過酷であったことがわかる。

このようなすさまじい火災のなかで、多くの人々の命を救ったところがある。横浜市の中心、ＪＲ関内駅を降りるとすぐの横浜公園である。同じくらいの広さがあった東京本所の陸軍被服廠跡地で、火災旋風によって四万人以上もの人々が亡くなったのとは対照的である。二つの避難地は周辺がすべて延焼地域となった点や、数万人にもおよぶ避難民が殺到したこ

図2　横浜公園の復興を記念する碑文（平成18年6月武村雅之撮影）。震災時多くの市民が緑によって救われたことが書かれている

となど共通する点が多かったが、被服廠跡地は避難民とそれぞれが運び込んだ家財道具ですし詰め状態になっていたのに対して、横浜公園では、周囲で住家の全潰率や出火点密度が高かったために、皮肉にもほとんどの避難者が着のみ着のままで、家財道具を避難地に運び込む余裕がなかった点が大きく異なっていた。

横浜公園でも強風が起こり、園内の建物はほとんど焼け落ちたが、樹木が多くそれらが火の粉を遮ったことや、折から水道管が破裂して園内に大きな水溜まりを生じたことに加えて、家財道具のような燃えやすいものが少なかったことが幸いしたものと考えられる。

避難時の家財道具の運搬は、スムーズな避難行動の妨げとなるほかに、延焼火災に燃え種《くさ》を供給することになる。さしずめ現在での自動車による避難への警鐘ともいえる。図2は昭和四年に横浜公園が復興したことを記念して建てられた碑で、現在も公園内にある。関東大震災の際に緑が多くの市民の命を救ったと刻まれている。

高まる土砂災害の危険

火災が都市部での脅威となるように、山間部では土砂災害が大きな脅威となる。そのことは、平成一六（二〇〇四）年の新潟県中越地震や、平成二〇年の中国四川《しせん》大地震、さらには岩手・宮城内陸地震の様子からもよくわかる。関東大震災でも、そのときの様子を記した体験談がある。

「私はこの地震の時は十歳になったばかりでしたが、その惨状は今でも頭の中にはっきりと思い出されるのであります。私は四年生二学期の始まりで学校は皆午前で帰り、昼食をすませると廣井喜七郎さんの家の戸棚の中で、ローソクをつけて自製の幻灯《げんとう》を写して居《お》った。その時ドスンと物凄い地響き、ガタガタと上下に揺れるので、はいずりながら戸棚から座敷に出て、縁側の近くで地震が治まったので、私は大急ぎで家に帰りました。

四尺土管が割れて水が流れ出し、水びたしになった庭に、三歳の弟の量は小田原に行こうと泣いて居《お》り、丁度《ちょうど》おじいさんも部落の集会に行ったが途中で引き返してきました。家族が皆そろったその時、前の地震と同じ位と思われる物凄い地響きがし、二回目の地震がありました。ようやく治まったその時、山がきたとのかすかな叫び、『寒根《かんね》山が来た逃げろ』のおじいさんの声と共に、北側にある矢子市郎さんの桑畠《くわばたけ》約三十米《メートル》の処《ところ》まで逃げ、ふりかえって見るとその間一分もたたないうちに、今まで居《お》った私の家はもちろん部落のほとんどが赤土の中に消えてしまったのです」

これは、神奈川県足柄下《あしがらしも》郡片浦《かたうら》村根府川《ねぶかわ》（現在は小田原市）で被災した内田一正氏の手記『人生八十年の歩み』（平成一二年）の一部である。氏は当時一一歳の少年だった。根府川は小田原から熱海へ行く途中の集落である。今でも東海道線の根府川駅で降りて、熱海方面へ国道一三五号線をくねくねと五〇〇メートルくらい行くと、白糸《しらいと》川の深い谷にぶつかり、それに沿って根府川集落がある。周辺は箱根火山の脆い地層でできた外輪山の急崖で、トンネルや橋梁などを連ねて鉄道が敷設されている。地震とともに、落橋や土砂崩れによる路線障害が各所で発生した。なかでも悲惨な被害は根府川で発生したもので、大規模な土砂崩れは、まず本震の揺れと同時に、根府川駅の背後から襲ってきた。地すべり崩土は、折しも停車中の列車を駅もろともに海中まで押し出し、列車内と駅に居合わせた約二〇〇人の人が犠牲になった。これが第一の惨禍である。

図３　根府川の釈迦堂（平成18年１月武村雅之撮影）。震災前は見上げるくらいの高さにあった釈迦像が今ではお堂の地下数メートルのところにある

根府川集落でも一一時五九分ごろに本震による強い揺れを感じていたが、集落にいた人々は、近くの根府川駅で大変なことが起こっていたことは知るよしもなかった。そのころすでに、本震で崩れた箱根火山の外輪山の一つの大洞《おおほら》山の土砂が山津波となって白糸川の谷沿いに流れ下り、地震発生から五分後に根府川集落に到達して第二の惨禍を引き起こした。大洞山から海までの距離は四キロメートルであるから、平均一三メートル毎秒（四七キロメートル毎時）の速度で流れ下ったことになる。手記に出てくる第二回目の揺れは一二時二、四分ごろ神奈川・山梨・静岡の県境付近で起こったマグニチュ

ードが七クラスの余震によるもので、震源に近い根府川は相当強く揺れたものと思われる。

図3は根府川集落の白糸川河畔にある釈迦《しゃか》堂である。ここに安置された釈迦像は岩盤に刻まれているもので、震災前は見上げるほどの高さにあったが、今では階段を降りた地下空間にある。集落を埋め尽くした土砂量の多さを物語っている。根府川集落の海岸部、白糸川の河口付近では、当時、別の児童二〇人が遊泳中で、本震の大きな揺れに右往左往して逃げ惑ううち、海からは高さ五、六メートルの津波、そして白糸川の上流からは山津波が押し寄せ挟み撃ちになった。わずか二、三人を残して、ほぼ全員の子供が行方不明となってしまった。この山津波によって、根府川集落では住家六四戸が埋没し、四〇六人が命を失った。

隣の米神《こめかみ》集落（現在は小田原市）でも土砂崩れで埋没家屋二〇戸、死者六二人を出し、熱海線の石橋鉄橋が落ちるなどの被害が出た。関東大震災全体での土砂災害の被害は、死者七〇〇〜八〇〇人と推定される。

手記にもあるように、片浦村の揺れによる住家の被害は比較的少なく、全潰率は一四・三％と推定されている。当時の小田原町をはじめ、酒匂《さかわ》川流域の足柄平野にある町や村の全潰率が軒並み六〇％を超え、一〇〇％近くになっているところがあるのと対照的である。一般に山地や丘陵地は平野に比べて地盤が堅く、揺れそのものは小さいことが多いが、傾斜地のために土砂災害の危険はむしろ高いといえる。

さらに、地震の際に各所で崩壊した土砂は渓床部に堆積し、渓流をせき止めていた場所も多かった。神奈川県伊勢原市《いせはら》大山《おおやま》（旧中郡大山町）では、地震発生後二週間が経過した九月一二～一五日の集中豪雨により、これらの崩壊土砂が土石流となって一気に流れ下り、大きな被害を出した。土砂災害は、このように地震後もその後遺症を残す可能性がある。

関東地震による土砂災害は、山間部に限らず、三浦半島や房総半島などの広い範囲で発生し、横浜、横須賀、鎌倉などでは市街地ならびにその周辺部にも被害がおよんでいる。現在これらの地域では宅地化が進み、同様の土砂災害が発生した場合には多くの人々が巻き込まれる可能性がある。その意味では、地震による土砂災害の危険性は当時と比べむしろ高まっているというべきであろう。

津波てんでんこ

意外に知られていないが、関東地震の津波による死者は二〇〇～三〇〇人に達した。平成五（一九九三）年に北海道の奥尻島《おくしり》で大きな被害を出した北海道南西沖地震を上回るほどのものであった。震源が相模湾にあったために、早いところでは地震後五分程度で津波が襲来しており、相模湾や伊豆半島東岸で大きな被害を出した。

津波は、震源域が海底下にある場合に、地震の源となる地下の断層の動きによって海底が上下に変動し、その変動が海水に伝わって起こる。地震による海底の上下変動といっても、たとえば関東地震の場合で一～二メートル程度である。大海原でその程度の海面変動があっても船も気付かないほどであるが、それが伝わって陸地に近づくと海面の変動が大きくなり、〝津〟、つまり港では大きな波となって人や家屋を襲うのである。

津波が陸地に近づくと高くなるのはなぜだろうか。それには津波の進む速さが水深に比例するという性質が大きくかかわっている。たとえば、関東地震の震源域がある相模トラフと呼ばれる海底での水深を二〇〇〇メートルとすると、津波の伝わる速度は時速五〇〇キロメートルで、ジェット機並みの猛烈に速い速度である。これが水深二〇〇メートルでは、時速一六〇キロメートルで特急列車並みの速度となり、水深一〇メートル以下では人間が走るくらいの速度になる。このため、陸地に波が近づくと、より水深の深い沖合からの波が前をゆく波に追いついて波高を高め、最後は将棋倒しのようになって海岸を襲う。

さらに、V字型の湾の奥では津波が集まりやすいなどの地形の効果や、陸上を津波が駆け上がる遡上《そじょう》効果などが重なり、津波は信じられないほどの高さにまでおよぶことがある。表2にある、明治二九（一八九六）年の明治三陸津波で大きな被害を出した岩手県大船渡《おおふなと》市の綾里《りょうり》には、三八・二メートルの津波を記録した場所がある（図4）。そこは、東に綾里湾に面する白浜の集落、西に綾里港湾に面する綾里の集落を眼下に望むまさに峠の最高地点であ

図４　岩手県大船渡市にある明治三陸津波の最大波高地点（38.2メートル。平成18年９月武村雅之撮影）。東に綾里湾に面する白浜の集落、西に綾里港湾に面する綾里の集落を眼下に望む峠の最高地点にある。指差す人は秋田大学教授林信太郎氏

る。

津波が発生する原因が、地震によって海底が広範囲に隆起・沈降することにあるということは、明治三二年に今村明恒が明治三陸津波を検討した結果発表したものである。ところが当時、津波は湾内の海水が地震の揺れによって振動を起こして発生するという考えが有力で、学界ではなかなか受け入れられなかった。大正一二（一九二三）年の関東地震のころには今村の考えはすでに認められていたが、それだけ〝津〟の波のイメージが強かったのである。

津波の速度がジェット機並みだ

といっても、震源から地震波として揺れが伝わってくる速度からすればそれほど速くはない。地震波のうち最初に到達するP波の速度は秒速六キロメートル、時速では二万一六〇〇キロメートル、主要動を引き起こすS波でも秒速三キロメートルで時速に直すと一万八〇〇〇キロメートルとなる。いずれも津波の伝わる速度に比べるとはるかに速い。

このことは、津波が来る前に陸地では必ず揺れを感じることを意味し、揺れを感じた時点で高台に逃げれば津波から命を守れることを示している。ただし、揺れを感じてから津波が来るまでの時間は震源が近いほど短くなり、関東地震のように陸地の近くに震源がある場合にはせいぜい数分の猶予しかない。それでも、伊豆半島の宇佐美《うさみ》や下田《しもだ》では、揺れを感じた直後に適切な避難行動をとって人的被害を最小限に食い止めた。宇佐美では元禄《げんろく》一六（一七〇三）年の元禄地震の際の津波で、人口一二〇〇人の約四分の一が死亡するという大災害を経験し、下田でも元禄地震や嘉永《かえい》七（一八五四）年の安政東海地震の際に、数百戸が流失するという大きな被害を出していた。人々はそのときの教訓を思い出し、関東地震のときには揺れを感じるやいなや、すぐさま高台などに避難したのである。

表2にあるように、明治二九年と昭和八（一九三三）年に大津波を経験し、多くの死者を出した岩手県の三陸地方では「津波てんでんこ」という言葉があるという（山下文男著『津波てんでんこ』平成二〇年）。津波のときだけはてんでんばらばら、親子といえども人を頼り

にせず、走れる子供は一目散に逃げろ、そして一家全滅、共倒れになることを防げという意味だという。このように「哀しい知恵」を伝承しなければならないほど、津波は恐ろしい。命を守るためにはいち早く逃げることが求められるのである。

津波には最初引き波で来るものもあれば押し波で来るものもある。海水が引くのを予想して待っていると取り返しのつかないことになりかねない。とにかくすぐに逃げることである。素早く逃げるためには、先に来る揺れで家屋を倒潰させないことが重要である。倒潰家屋の下敷きとなっていたのでは逃げられないし、倒潰家屋が道を塞げば逃げ遅れる可能性が高くなる。火災や津波は地震後に起こり地震の揺れにもまさる大きな被害をもたらすものであるが、それらの災害を軽減するためにも、まずは揺れによって潰れない住家を造ることが必要になることも忘れてはならない。

第二章　地震を探る

1　〃地震〃とは？

大正一二（一九二三）年の関東地震のときには、テレビ放送はもちろんラジオ放送もなかった。ラジオの本放送は大正一四年三月から始まったが、震災の際の教訓を生かして予定を早めて開始されたらしい。したがって、我々が今日地震発生時に見たり聞いたりする地震情報などはなかった。人々は地震の震源がどこか、どこが強く揺れたのかをすぐに知るすべはなく、新聞で発表される情報に頼る以外、方法がなかったのである。

では、今大地震が来たとしたらどうだろうか。地震の揺れは一度きりでは終わらない。本震から引き続き起こる余震の強い揺れのなかで、どのような情報が我々に流されてくるのだろうか。将来関東地震とまったく同じ地震が、同じ日、同じ天候のもとに再来するという設定で、東京郊外の八王子にあるわが家を舞台に、その日のミニドラマを創ってみた。さらにミニドラマを通じて、地震のときに我々が知ることのできる情報を整理し、それらの情報からそもそも〝地震〟とは何かを考えてみることにしよう。

ミニドラマ「関東地震が来た！」

二〇XX年九月一日の土曜日、前夜から明け方にかけて台風崩れの低気圧の影響で荒れ模様の天気だったが、雨も昼前には上がり、雲の合間からは抜けるような秋の青空と焼け付くような夏の日差しが顔をのぞかせていた。そんななか、生暖かい南風がぐんぐん気温を上昇させた。私は久しぶりの休日で、自宅で朝の時間をゆっくり過ごした後、何をするでもなく、書斎のテレビのスイッチを入れた。ちょうど昼前で、お天気キャスターの女性が、昨日から荒れ模様の天候をもたらした低気圧の説明をしているところだった。

そのとき、突然テレビに字幕が現れ、緊急地震速報が流れ始めた。「神奈川県で地震が発生しました。神奈川、静岡、山梨、東京、埼玉、千葉で強い揺れに警戒してください」。緊急地震速報は平成一九（二〇〇七）年一〇月から一般に配信されるようになった情報で、大地震で揺れが到達する前に強い揺れを知らせるという気象庁ご自慢のシステムである（緊急地震速報については第四章でも説明する）。

　緊急を伝えるテレビからの音声が終わるか終わらないかのうちに、平常よくあるような揺れが始まった。すぐに身を護る行動を取るべきだったが、天井を見回しているうちに数秒後突然激しい震動になり家全体が鳴動し始めた。書斎には、壁いっぱいに本や資料が収まった本棚や本箱があり、囲まれた空間に仕事用の大きな机と座卓がある。テレビは座卓の前に置かれていた。テレビは台にそれ用の両面テープで固定されているし、本棚や本箱は壁に備え付けのものか、そうでないものは金具やつっぱり棒で壁や天井に固定され、一応すべて転倒防止の措置がとられている。そのため転倒の危険はないが、揺れが酷くなるとともに、天井に近い棚から順に本がばらばらと落ち始めた。さらに本箱の扉も開いて大量の本が飛び出してきた。そのころには屋根瓦が落ちる音であろうか外からゴーゴーというようなりが聞こえてきた。大地の震動は俄然激しく、私の身体はまるで嵐のなかで大波に翻弄される小船のように、上下左右に揺すられて座卓にしがみつくのがやっとの状況であった。

　一分近くも揺れただろうか、ようやく地震も一息ついた。腕時計を見るとちょうど正午である。停電だろう、テレビの放送はいつの間にか途切れていた。見ると散乱した本に混じって携帯ラジオが目の前に転がっている。本棚に置いてあったものが飛ばされてきたのだろう。

すぐにスイッチを入れてボリュームをいっぱいに上げた。同時に母の安否が気にかかり、母の部屋へ行こうとして立ち上がった瞬間、揺れの余韻からか、実際まだ揺れていたのか、ふらついた。母は部屋の中央で呆然としていた。大丈夫かと声をかけたが、その言葉が終わるか終わらないうちに、またもや強い揺れが来た。余震である。キャーと私の背後で声がした。二階にいたはずの妻と末娘が階下に降りていた。揺れの強さは先の本震に匹敵するかと思えるほどだったが、その割にはすぐに止んだ。

気象庁の地震情報

ラジオからは気象庁の津波予報が流れ出した。津波予報は地震後三分以内に出すことになっている。ラジオから盛んに、海岸部にいる人は高台に逃げるように呼びかけている。よく聞くと、大津波警報で六メートル以上の津波の恐れがあり厳重な警戒を呼びかける地域が、相模湾三浦半島、伊豆諸島、静岡県、千葉県内房《うちぼう》、三メートル以上が東京湾内湾、千葉県九十九里《くじゅうくり》。ここまでが大津波警報で、津波警報が出ている地域は二メートル以上が愛知県外海、三重県南部、一メートル以上が和歌山県、徳島県、高知県、茨城県、福島県、宮城県の各沿岸部であり、その外側の九州から南西諸島、小笠原諸島、岩手県以北の東北北海道の太平洋沿岸には、すべての地域で津波注意報が出されたようだ。

もちろん八王子は内陸部で津波の影響を受けることがないので、日ごろわが家の防災会議で話し合っているマニュアルにしたがって、家のなかの点検をしようとした（わが家の防災会議については本書の終わりで説明する）。その刹那、再び強い余震がやってきた。揺れ方は本震直後に来たものとほぼ同じであったが、恐怖のなか精神的には本震にもまさるダメージを受けた。揺れが収まり、ふと我に返ると、ラジオからは津波予報に混じって震源に近い場所から順番に津波の到達を伝える津波情報が流れ始めた。震源は相当陸地に近いとみえて地震発生後まだ五分余りである。相模湾沿岸から伊豆半島にかけては遡上した津波でかなりの被害が出ている模様である。

二度目の強い余震の後も震度2から3程度の余震は引っ切りなしに続いている。そんななか、都内各所に住む三人の子供の安否が気がかりで各地の揺れを伝える地震情報が聞きたかったが、より緊急を要する津波情報が優先されて、なかなか地震情報を放送する隙間が見つからないようだ。電話はすべて繋がらないので、とりあえずNTTの171伝言ダイヤルに、あらかじめの打ち合わせどおり音声を吹き込み、続いて会社の緊急連絡網にも無事を伝えた。

ここで、ミニドラマは終了する。関東地震の際の八王子の推定震度は5強から6弱で、深刻な被害がでるほどの揺れではないが、本震に引き続いて三分後と四分半後にそれぞれ東京湾北部と山梨、神奈川、静岡の県境付近でM七を超える大きな余震があり、ともに震度が5

弱から5強程度の強い揺れが立て続けに来たと推定される。ミニドラマのなかにも登場する余震である。気象庁の規定では、まず地震が発生して、津波が予想される場合には津波の種類(大津波、津波、津波注意など)、到達予想時刻、予想される高さに関する情報、各地の満潮時刻などが発表される。さらにそれが一段落すると震源や震度に関する情報として、震源の位置、地震の規模(マグニチュード)、震度3以上の地域名、大きな揺れが観測された市町村および震度5弱以上と考えられるが震度データを入手していない震度観測点のある市町村名などが、きめ細かく発表されることになっている。

知りたいのはどっちの地震?

関東地震の場合は、地震の規模が大きく、しかも震源域が陸地に近い。このため津波の襲来が地震直後に予想され、さらに直後から、場所によっては本震の揺れをも上回る余震の揺れに見舞われる。こんななかで、前述のような大量の情報がどのような順番で正確にしかも迅速にテレビやラジオから流されるのか想像がつかない。そこでとりあえず、通常の地震で行われている形式で、震源・震度速報を作成すると以下のようになる。

「今日午前一一時五八分ごろ、北海道南部から九州北部の広い範囲で地震がありました。各地の震度は震度7が神奈川県西部、神奈川県東部、千葉県南部、震度6強が静岡県伊豆、静岡県東部、山梨県東部富士五湖、東京都二三区、埼玉県南部、震度6弱が静岡県中部、長野県中部、山梨県中・西部、東京都多摩東部、伊豆大島、埼玉県北部、千葉県北西部……気象庁の観測によると、震源地は神奈川県西部で、震源の深さは二五キロメートル、地震の規模を示すマグニチュードMは八・一と推定されます」

震度の速報部分は途中で打ち切ったが、規定では3以上の地域を伝えることになっているので、東北地方南部から四国西部までの広い範囲の地域をこのような区切りで延々と伝えてゆくことになるのかもしれない。津波予報や津波情報とともに地震情報もどのように伝えるか、いつもの地震のようにはいかないことだけは確かである。

それはそれとして、右の震源・震度速報で、地震という言葉が二つの意味で使われていることにお気付きだろうか。

震源・震度速報には「地震」という言葉が二回登場する。最初に出てくる「地震」は単に地面が揺れたということを指しており、もともとの意味での地震（地面の震動）である。これに対して、二番目の「地震」は震源のことを指している。関東地震や兵庫県南部地震などというときの「地震」も、命名者はたぶん震源の意味で使っているのだが、受け取る方は、関東や兵庫県南部地方を襲った強い揺れという意味も含めて「地震」と認識しているかもしれない。その証拠に、関東地震の位置とはいわず、関東地震の震源の位置という方が普通である。

このような通常の使われ方に対して、地震学の専門家のなかには、最初の「地震」という使い方はまちがっていると指摘する人もいる。そのような人は、「地震」という言葉が震源を指す意味だけで使われることを望んでいるし、揺れについては「地震動」という耳慣れない言葉で呼ぶようにと指導する。でも、それにはちょっと納得できない気がする。なぜなら、もともと「地震」という言葉は地面の揺れを表し、一般の人たちは大昔からその意味で使っていたのに、おそらく地震（揺れ）の原因である震源を研究する地震学者が「地震」という言葉を、震源の意味で使ったのが、そもそも混乱の始まりだからである。

このような背景があるので、私としては、「地震」という言葉を無理やり震源の意味で使えと、一般の人に押し付けることには賛成できない。そんなに簡単に言葉の文化が変わるとは思えないからである。たとえば東京大学に地震研究所というのがあるが、この研究所では昔から、震源の研究だけでなく揺れの研究も行われている。それにもかかわらず地震・地震動研究所とせず、地震研究所という名前になっているのは、研究者も含め皆が違和感をもたないためであろう。まさに文化的な背景があるからである。

そんな意味もあって、本書ではできるだけ普通に地震という言葉を使うことにする。つまり二つの意味で使うということである。読者には、どちらの意味で使っているかをちょっと注意して読んでもらいたい。ただし、本の性格上、揺れを震源と明確に区別する必要がある場面が予想される。そんな場合には揺れを〝地震動〟と呼び、強い揺れを〝強震動〟と呼ぶことにする。

二〇XX年の関東地震のミニドラマのなかで私が思ったように、一般の人々が知りたい地震の意味は強さも含めた揺れ方である。被害は揺れた結果であって揺れそのものではない。震源の解明をするためにも揺れ方が大きな手がかりとなる。また耐震的な構造物を建てるためにも揺れ方を知ることが必要である。震源ではなく揺れを中心にすえた話こそ、一般社会が求める〝地震の話〟ではないか。そんなことを考えると、なおさら〝地震〟という言葉から揺れの意味を除くことには賛成できない。

地震研究の特殊性

地震の揺れも小さなうちは、単なる地学現象として自然科学の興味の対象で済まされるが、大きな揺れになると、重大な社会現象を引き起こし、全体として自然科学の範疇に収まらなくなってしまう。地震がもつこのような性格が、地震という言葉の意味だけでなく地震を研究する学問である地震学の性格付けにも大きな影響を与えてきた。今日では、地震学は地球物理学の一部としてみる見方が一般的であるし、私も大学時代はそう信じていたが、このような地震のもつ性格を考えると、その定義は狭義の地震学といわざるを得ない。

日本で狭義の地震学が一般的になったのは、関東大震災のショックによって、日本の地震学の研究方針に大きな反省が加えられたことによる。その批判は、特に大森房吉《おおもりふさきち》（一八六八〜一九二三）や今村明恒が震災予防調査会を中心に行ってきた地震学の研究に向けられた。それらが統計的・計測的要素が強く、物理的基礎に基づいて現象を解釈しようという方向性に乏しいというものであった。

批判を唱えた中心は、有名な長岡半太郎《ながおかはんたろう》（一八六五〜一九五〇）や寺田《てらだ》寅彦《とらひこ》（一八七八〜一九三五）などの物理学者で、その反省にたって、大正一四（一九二五）年に震災予防調査会が解散し、入れ替わるように東大地震研究所が設立された。ただし、長岡半太郎がそれまでの地震学に対する批判の急先鋒であったのに対して、寺田寅彦は「本当の地震学はこれを地球物理学の一章として見た時に始めて成立するのではないか」としながらも、一方では「地震研究には、統計的・計測的、地質的、物理的の三つの方法があるが、この総合が地震学でなくてはならない」と、総合科学的に地震学をとらえるべきであるとも述べていた（藤井《ふじい》陽《よう》一郎《いちろう》著『日本の地震学』昭和四二年）。寺田がそれまでの地震学に一定の評価を与え、地震災害と直接向き合う日本の地震学が、ヨーロッパから輸入された思想だけでは語り尽くせない面があることを理解していたことを感じさせる。

そもそも日本人による組織的な地震についての研究は、明治二四（一八九一）年の濃尾地震の大災害を受けて、国をあげて地震防災に取り組むために、翌年、文部省に震災予防調査会が発足して以来である。地震学において、地震現象の物理的解明だけでなく、地震防災に軸足がおかれたのは当然の帰結だった。

物理学ですべての現象が記述できるわけではない。それを補うためには、たとえば、地震の際の被害についての記載や体験談を、時間的にも空間的にも広く集め、地震を経験的にとらえて、教訓として生かすような手法も必要になる。このため空間的には高密度のネットワークが必要であり、時間的には古代から史料として残されてきた地震に関する文字資料を整理することも必要となる。それらの過程が物理学的手続きに乗せられなくても、日本の地震学が震災対策を通じて社会と結びついて発展してきた以上、地震学としてそれらを包括し総合化する必要がある。先に述べたように地震という言葉を震源に限定して使うということに私がいささか抵抗を覚えるのは、地震学には、物理学だけでなくさまざまな分野のかかわりが必要であり、そのなかで狭義の地震学の都合だけで言葉の使用を限定することに問題を感じるからである。

藤井陽一郎は、関東大震災以後に物理的な方向へ大きく舵を切り近代化されたといわれている地震学の問題を、次のように指摘している。

「昭和に入ってからは地震予知を実行するには、地震の本性を知らねばならず、地震の本性を知るためには地球物理の研究を発展させなくてはならないことが強調され、その結果近代化された地震学の中心となっている人々の間では、震災に対する関心が薄れ、近代化された地震学と震災対策は研究の実際面でお互いに異質なものとして結合していない」（『日本の地震学』）

平成七（一九九五）年の兵庫県南部地震の後、国は、地震に関する調査研究成果が国民や防災関係者に十分に伝達、活用される体制になっていなかったという反省のもと、総理府に地震調査研究推進本部を設置した。地震調査研究推進本部は後に文部科学省に籍を移し、多くの地震に関する研究者が活動に加わって地震防災をめざして活動している。どこか一〇〇年以上前の震災予防調査会を思わせる。

地震学は常に震災と隣り合わせの学問である。その意味では単なる自然科学の一分野ではない。大地震による社会的なショックがきっかけで、物理学と防災との間を揺れ動く姿にその特殊性がよく現れている。

大森房吉と今村明恒

ここで、大森房吉と今村明恒を紹介しておこう。すでに名前が出ているが、以後もたびたび登場するからである。大森房吉は明治元（一八六八）年生まれで、明治二四年の濃尾地震の年に東大の地震学助手になる。一方、今村明恒は明治三年生まれで、この年から学生として地震学を専攻する。二人はともに震災予防調査会の牽引役となって活動したが、身分には大きな差があった。

大森は、明治二五年に講師の身分で地震学講座担任になり、明治三〇年には教授となって着実に階段を昇り詰めてゆく。これに対して今村は、大正一二（一九二三）年の関東大震災当時でも、無給の助教授で陸軍の幼年学校（後の陸軍士官学校予科）の教授で生計を立てるという立場に甘んじていた。

このような二人の変則的な関係に影をおとした事件が二つあった。一つは津波の原因論に対する両者の対立であり、もう一つは、東京に大地震が来るかどうかをめぐっての二人の確執である。特に後者は、関東大震災の直前の二人の関係を抜き差しならないものにしてしまった。今村が述べたことが、マスコミによって大地震がすぐにでも東京に来るかのごときに世間に伝えられ、地震騒動を引き起こした。これを収めようとした大森は、結果として今村を非難し、当時最高の権威者であった大森に非難された今村には法螺《ほら》吹きの汚名が残ってしまったというのがそのいきさつである。

関東地震が発生したちょうどそのとき、東京本郷にあった東大の地震学教室では、今村が自席に着いたまま、体中の神経を集中させて、地震による揺れの経過状況を詳細に吟味していた。一方大森は、オーストラリアのメルボルンで開催されていた汎太平洋学術会議出席のために留守であった。

大森は会議当初より体調がすぐれず、この日はエクスカーションにも参加せず、リバビュー天文台で、昼食の後、地震観測施設を見学している最中であった。ちょうど地震計の前にいて、突然描針が大きく振れるのをみていたともいわれている。間もなくこの地震が東京付近を震源とする地震であることを知り愕然とする。大森は予定を早め急遽帰国の途につくが、今村の主張した東京での大地震予測を浮説として退けたこともあり、心中いかばかりであったろうか。大森の病は脳腫瘍であった。一〇月四日に横浜港に到着し、自宅にも立ち寄らず、その足ですぐに病院に運ばれ、一一月八日には帰らぬ人となった。

今村明恒は、関東地震の後二ヵ月間にわたり、みずからの行動を記した日記を残している（武村雅之著『手記で読む関東大震災』平成一七年）。日記は、一〇月三一日に、大森房吉の勲功調査を大学当局から命じられたところで終わっている。今村の大森に対する本当の気持ちは本人にしかわからないが、日記を読む限り、学者大森に対する尊敬の念は誰よりも大きかったのではないかと思われる。

彼ら二人の足跡を残すものに、『震災予防調査会報告』に掲載された多くの論文や報告がある。このなかには、大地震の際のさまざまな調査結果や観測結果をプロットした膨大な図面や表などが残されており、現在でも資料的価値はすこぶる高い。なかでも今村明恒が中心となってまとめた第一〇〇号（全六冊）は、関東大震災のバイブル的存在であり、地震学の歴史上、震災予防調査会の有終の美を飾るにふさわしい成果である。関東大震災後、震災予防調査会が解散し、二人に対する地震学上の評価も必ずしも芳しいものではなかったが、その後も今村は地震予知に生涯をかけて取り組み、今日行われている東海地震の予知計画も今村による精力的な調査結果がベースの一つとなっている。

最近、金凡性《キムボムソン》は著書『明治・大正の日本の地震学――ローカルサイエンスを超えて』（平成一九年）のなかで、大森房吉と今村明恒が打ちたてた当時の日本の地震学が、地震の調査観測結果をもとに世界をリードし、たとえば明治三九年のサンフランシスコ地震の際、現地を調査した大森房吉はすでに世界最高の権威者と位置づけられていたことを明らかにしている。

明治三八年に今村明恒が出版した、日本で最初の本格的な地震学の教科書『地震学』の冒頭に、地震学の講究範囲という部分があるが、そこには「地震予知法と耐震構造法とは地震学における二大問題と云《い》わざるをえず今日における地震学の講究問題のほとんど全部は実に此《こ》の二大問題を決定するに要する階梯《かいてい》たるに過ぎざるが如《ごと》き観あり」と書かれている。地震学を総合科学として地震防災に生かそうとするとき、彼らの研究に学ぶところは多く、断じて「物理的ではない」などと一蹴されるようなものではない。

2 体感でとらえる

「雲をつかむような」という言葉があるが、地震はまさにその言葉にふさわしい現象である。地震を経験しても、さて他人に説明するとなると、絵に描くことも難しいし、体験者さえ何が起こっていたかが正確に理解できているかとなると、はなはだあやしい。その原因は〝地震う〟にある。現象を認識すべき我々自身が揺れてしまうために、まわりで何が起こっているかを正確に記録できなくなるのである。

地震を何とかとらえようとする努力は、地震学の黎明期から積み重ねられてきた。人間の体感や被害の状況を用いて揺れの強さを階級別に分類したのがその始まりである。今でも一般に馴染み深い震度がそれにあたる。震度階とか震度階級と呼ばれるのはそのためである。地震計が普及した現在でも、震度は世界中で用いられている。その大きな理由は、地震の揺れは、多くの地点でネットワークとして測定しないと防災上役立たないからである。震度階は単位をもたず、その名が示すようにそもそも物理量ではない。世界の現象をすべて物理量で記述したい物理学の世界からみれば、この事実は地震学の後進性と映るかもしれないが、私はむしろ総合科学としての地震学から生まれた知恵だと思っている。

関谷清景による震度階

揺れの強さを、人体感覚や被害など周辺で起こった事象をもとに階級として表そうという試みは、相当昔からあったのではないかと想像されるが、現在使用されている震度階の起源の一つは、イタリアのデ・ロッシとスイスのフォレルが明治一六（一八八三）年に共同で作成したロッシ・フォレルの震度階である。日本ではすでに明治一三年ころには、関谷清景《せきやきよかげ》（一八五四～九六）がそのもととなる構想をもっていたといわれている。

日本の地震学は、いわゆるお雇い外国人教師であるジョン・ミルンやアルフレッド・ユーイング、さらにはトーマス・グレイなどが世界で最初の地震学会である日本地震学会を明治一三年に創立したことに始まる。関谷清景は安政元（一八五四）年生まれで当時二六歳、その年に東大で助教、さらに学制の変更で名称が助教授になりユーイングに師事した。明治一九年には世界ではじめての地震学専任教授となった。彼の生涯は常に病苦との闘いであり、明治二九年わずか四二歳で早世したが、外国人によって始められた地震学を日本人による日本の地震学へとすすめた功績は大きい。関谷の後をついで地震学教授になったのが大森房吉である。

関谷は明治一七年から内務省御用掛を兼務し、地理局第四部の験震課長として明治一八年に「地震報告心得」をまとめた。すでに各地方にあった測候所での観測を、統一した様式によって強化し、内務省地理局の東京気象台（明治二〇年に中央気象台と改称）に統一したデータを集計しようとしたのである。その第五条に地震の強弱は微、弱、強、烈の四段階にすることが定められ、それぞれの階級に応じて判断の基準となる人体感覚や被害の状況などが記されている。関谷は、家屋その他が日本と欧米とではまったく異なるのでロッシ・フォレルの震度階は使えないとして、日本独自の階級を用いることにした。これ以来、日本における組織的な震度観測は現在まで続いている。

震度観測の変遷

微、弱、強、烈の四段階で始められた震度観測は、明治三〇（一八九七）年前後に、微震（感覚ナシ）、弱震と強震にそれぞれ（弱キ方）を追加し七段階となる。また昭和一一（一九三六）年以後は、七段階の呼称を改め、無感、微（Ⅰ）、軽（Ⅱ）、弱（Ⅲ）、中（Ⅳ）、強（Ⅴ）、烈（Ⅵ）となる。戦後は昭和二四年に、前年の福井地震の影響を受けて激震（Ⅶ）を烈震（Ⅵ）から分離させた。そして計器を使わずに評価されてきた震度が、平成三（一九九一）年からの移行期間を経て平成八年からは、震度計を用いたいわゆる計測震度に完全に姿を変えた。それにともなって呼称も漢字表記を廃止し、ローマ数字から算用数字となり、震度5と6が強と弱の二階級にわかれて、現在では一〇段階の震度評価がなされている。

浜松音蔵と宇佐美龍夫《たつお》は、『日本の地震震度調査表Ⅰ－Ⅵ（一八八五～一九八四）』（昭和六〇年）に、観測開始以来、主な地震に対し現存するほぼすべてのデータをまとめた。それによれば、震度の最終値は、特別な調査を除けば気象庁地震火山部に保管されたいわゆる「地震調査原簿」にあるはずであるが、原簿は中央気象台が大正一二（一九二三）年の関東大震災、昭和一五年の雷火災、さらに昭和二〇年の戦災の三度の被災に遭ったためにすべてがそろっていない。明治一八年から明治四二年までは多数の抜けがあるもののまだ現存する部分があるが、明治四三年ごろから大正一二年七月までは原簿がまったく存在しない。

これら資料が抜けている期間も含め、資料のある期間も、気象台から刊行された資料、たとえば『地震年報』、『地震月報』、『気象要覧』など、さらには気象庁や各測候所や関係機関に残る原報告の綴りや電報による報告の控なども参照してデータベースが作られた。特に明治四三年ごろからの原簿のない時期には、東大・地球物理学教室の図書室に残る測候所ごとの報告資料がデータベースの作成に役立ったと記されている。したがって大正一二年以前の期間の地震には、震度観測データの数が地震によっては極端に少ないものもある。

また、昭和四四年以降、それまで測候所以外に管内観測所と呼ばれ役所や学校などさまざまな場所で行われていた震度観測が廃止され、測候所と気象通報所のみの観測になった。このために、平成八（一九九六）年に全国に計測震度の観測点が数多く設置されるまでの間、観測データが少ない時期が存在することにも注意が必要である。

記録の混乱

さらに震度データには数だけではなく、質の面からも不連続性の問題が指摘されている。第一は近年の計測震度とそれ以前の震度との不整合である。計測震度は震度計による計測値から決められるために、震度計が置かれた地点での震度を表すのに対して、それまでの震度は被害など周辺部の出来事を総合して決められており、かつ後者には計測者の違いによるあいまいさが付随する。したがって厳密な意味での整合を要求するのは不可能である。ただし、私の感覚からいえば、そのような条件を頭に入れて、あまりに詳細な検討に用いない限り、両者の不整合は許容範囲のように思われる。

これに対して、第二の問題は無視できない。明治三〇（一八九七）年ごろに四段階から七段階に移行した際の混乱が、その後三〇年以上にもわたって続いていたことが最近明らかになった。きっかけは明治三三年に発生した宮城県北部地震（M七・〇）と平成一五（二〇〇三）年に発生した宮城県北部地震（M六・四）の震度分布の比較、ならびに明治三八年に発生した芸予地震（M七・二〜七・三）と平成一三年に発生した芸予地震（M六・七）との震度分布の比較であった。

ほぼ同じ場所で発生した二組の地震は、いずれも有感範囲（震度1以上の範囲）はそれほど変わらないにもかかわらず、明治の地震は震度5と震度3の範囲が、最近の地震に比べて異常に広いのである。震災予防調査会による調査報告など明治の地震の被害記録から震度を再評価すると、震度3については被害があまり出ないので判断が付かないが、震度5の範囲が広すぎることが明らかになった。

『日本の地震震度調査表』でそのころの地震の震度データをみると、次のような傾向があることがわかってきた。先に明治三〇年ごろを境に弱震と強震にそれぞれ（弱キ方）ができて震度階が四段階から七段階に細分化されたと指摘したが、それ以後の経過をみると、強震（弱キ方）は昭和一一（一九三六）年以後中震で震度Ⅳに、強震はそのまま強震で震度Ⅴになる。また同様に弱震（弱キ方）は、軽震で震度Ⅱ、弱震はそのまま震度Ⅲとなる。普通は、震源から次第に外側に行くほど震度が小さくなるために、震度階のランクが下位のデータ数は、上位のデータ数に比べて多くなるのが普通である。

ところが、このころの地震のデータでは強震つまり震度Ⅴに比べて強震（弱キ方）つまり震度Ⅳが少なく、また弱震（震度Ⅲ）に比べて弱震（弱キ方）（震度Ⅱ）が少ないのである。つまり、震度の定義が細分化されたことが、十分に地方の測候所や一般の管内観測所に伝わらず、結果として〈弱キ方〉の区部が有効に働かず、今日流にいう震度4（強震（弱キ方））の多くが5（強震）に、震度2（弱震（弱キ方））の多くが3（弱震）に評価されているようなのである。

このような指摘に対して、気象庁では測候所が発表した震度についていつごろまでこのような傾向があったかを系統的に調べ、結果を公表している。それによれば、時代とともに傾向は薄れてゆくが、一九二〇年代半ばつまり大正時代の終わりごろまで影響が残っていたと結論付けられている。測候所以外の一般の管内観測点についての系統的な検討はなされていないが、我々が調べた地震のなかには、少なくとも震度の呼称が変わる昭和一一年ごろまではそのような傾向があるものが見受けられる。

このように震度を大きめに評価している影響は、それのみに留まらない。時代が古くなればなるほど、震度の広がりから震源の規模を示すマグニチュードMを決定する場合が多くなるからである。先に述べた明治三三年の宮城県北部地震のMは再評価の結果M六・五程度となるし、明治三八年の芸予地震はM六・七となる。いずれも近年発生した地震と同様の規模であったことがわかった。その際、被害調査結果からの震度の再評価とともに、有感範囲の評価が役に立った。有感と無感との区別は、震度の定義にあまり依存しないからである。

中央気象台と測候所

このような震度データの問題は、中央気象台からの指示が地方の測候所に徹底しなかったことが原因と考えられる。徹底しなかった理由の一つとして、もともと各地の測候所が中央気象台を中心に設立されたわけではなく、むしろ明治二〇（一八八七）年の中央気象台設立時には、当時五一ヵ所あった測候所のすべてが地方費で経営するしくみになっていたことをあげることができる。またさらにそのような状況のなかで、中央気象台の技術者の地位も低く、地方ではさらに測候所員の地位が低かった。そのあたりのことを、大正一二（一九二三）年から昭和一六（一九四一）年まで中央気象台長を勤めた岡田武松《おかだたけまつ》（一八七四～一九五六）は次のように述べている（須田瀧雄著『岡田武松伝』昭和四三年）。

「明治の末葉から大正の中頃までは所謂《いわゆる》法科万能の時代であり、技術官などは木の切端の様なものであった。測候所などは国営でなく地方庁に属していて、農務課長の下に隷属していた。測候所長はその属官の下にビクビクしていたものである。……地方の県庁へ行く度にヒドク冷遇されて、いつも不愉快な目に逢ったものだ」

岡田武松らは、地震も含めた気象事業の効率を高め、防災や産業の発展に貢献し、国民の福祉に貢献するために、地方測候所の国営移管を長年の悲願としていた。ところが昭和九年に三〇〇〇人以上の死者・行方不明者を出した室戸《むろと》台風の大災害後でも、彼らの願いは達成されなかった。このような状況のなかで、中央気象台からの指示を地方の測候所に徹底することが難しかったことは、想像にかたくない。

また管内観測と呼ばれた委託観測でも、測候所と同じく、気象観測を主体に震度観測を行っていたが、岡田武松の『測候瑣談《さだん》』(昭和八年)によれば、管内観測ほど正確を期すことに骨の折れるものはなかったと書かれている。一般の素人に近い人に観測を委託しているのだから、当然といえば当然である。たとえば、相対湿度を測る乾湿計は、乾球と呼ばれる普通の温度計と、球部を水で湿らせた湿球と呼ばれる温度計の、温度の差から相対湿度を測定するが、湿球を常に水で湿らせておくよう説明しておいたのに、水壺《みずつぼ》中の水のなかに浸してあるのが所々あったと指摘している。

我々が小学生のころ、教室や理科室のどこかに必ずあった二本の温度計を並べたあれである。一方の温度計の球部がガーゼに包まれ、ガーゼが水壺に浸されていたのを記憶している人もいると思うが、あれが湿球である。私の記憶では水壺に満足に水が入っていたことはなく、いつもガーゼが干からびていたのを憶えている。それほど酷くはないにしても、すべての観測点で正確を期した観測が行われていたとは思えない。我々の子供のころに小学校によくあった百葉箱《ひゃくようそう》はひょっとして管内観測の名残だったのかもしれない。

岡田武松らの長年の悲願であった地方測候所の国営移管は、彼らの意図とはまったく違う形で急転直下決定された。昭和一二年から一四年にかけてのことである。国民の福祉に貢献するどころか軍部による大戦への途を固めるためであった。これには岡田も心底喜べなかった。喜べないどころか、その直後に中央気象台を文部省から切り離し陸軍省に編入する要求があった。岡田とその後に台長となる藤原咲平《ふじわらさくへい》（一八八四～一九五〇）は命がけで軍部の動きに抵抗したが、昭和一八年の運輸通信省への編入だけは避けられなかった。気象庁がその後運輸省から現在国土交通省に所属しているのはこのときの編入がもとになっている。

もし陸軍省の所管となっていたら、終戦に際して、観測機器やデータでさえ、軍みずからがやることも含めて、徹底的に破壊されていたかもしれない。そうであれば、今日我々が震度データなど数々の古い記録を気象庁で閲覧することもできなかったかもしれない。岡田と藤原の命がけの行動があったればこそのデータである。また、測候所員たちが冷遇されながらもコツコツと観測したデータである。多少の混乱があろうとも、日本の地震学にとってかけがえのない財産に変わりはない。

震度がいくら総合科学としての地震学の知恵であったにしても、物理学的に揺れを分析するには不十分なデータであることには違いない。地震の震源の正体を明らかにするためにも、揺れによって潰れない建物を造るためにも、物理量によって揺れを記述する必要がある。関東大震災後に地球物理学としての近代的な地震学が始まったとよくいわれるが、物理的な検討のベースとなる揺れを測ることについて、明治・大正期の地震学の果たした役割は大きい。揺れを測るということの歴史を振り返ってみよう。

3 揺れを測る

地震とお墓

地震の揺れは単にその場所が震動するだけではなく、震源から揺れの元となる地震波が発生し、それが伝わることで次々と地面を揺らしてゆく結果である。したがって揺れの正体を知るためには、ある場所で震動を測るだけでなく、それを面的に展開してネットワークを組み、どこからどのように揺れが伝わっていったかを知る必要がある。地震計によって正確に地震の揺れを測るに越したことはないが、技術的にも経済的にも問題を解決できなかった時期に、それを補ったのが墓石である。地震にお墓、縁起でもないと思われても仕方がないが、揺れの物理量を測るために最初に活躍したのは墓石であった。

墓石の転倒から揺れの強さを測る原理は、至って簡単なものである。一言でいえば、どのくらい座りのよいものまで倒れたかを知るということである。横幅が狭く、背が高いものほど座りが悪いことは日常よく経験することである。そこで横幅bと高さhの比b/hを座りの良し悪しの指標にして、どのくらい座りのよいものまで倒れたかを調べれば、揺れの強さがわかる。また倒れた方向は強く揺れた方向を表すと考えられる。

当然、調べる対象はなるべく単純な形のもので、ネットワークの観点からはどこにでもあるものがよく、しかもいろいろなb/hをもっているものということになる。そこで、お墓やその周辺にある石碑等が選ばれたのである。お墓の一番上の石を竿石《さおいし》というが、どのくらい座りのよいものまで倒れたかを調べることによって、その墓地での揺れの強さがわかり、さまざまな墓地で調査すれば、揺れの強さの分布や揺れが強かった方向もわかるというしくみである。

これだけなら、被害の程度から揺れの強さを分類する震度階とあまり変わらないようであるが、墓石の転倒からは、揺れによって生じた加速度とその方向を計算することができるという利点がある。つまり物理量が測れるのである。たとえば、倒れるか倒れないかの境目の座りの具合を示すb/hをkとすると、水平に働いた加速度の値aは、我々が地球上で日常感じている重力の加速度値g（=約九八一gal）にkを乗じると求めることができる（a=k×g）。言い換えるとkは、重力の加速度値の何分の一かで水平に働いた力の強さを表す指標である。つまり先に述べた水平震度そのものである。関東地震の後に耐震基準を作る際、東京の下町での水平震度〇・三がベースになったという話をしたが、たとえば、横幅bが三〇センチメートルの竿石の場合、k=〇・三とすれば、高さhはb/kで一〇〇センチメートルとなり、それより背の高い座りの悪いものが倒れる程度の揺れの強さということになる。

日本の地震学の草創期に墓石や石碑の転倒調査をした例として、忘れてはならないのが、明治二四（一八九一）年一〇月二八日の濃尾地震に対する調査である。当事者は大森房吉である。先に述べたように同年四月に東大の地震学助手になったばかりの弱冠二三歳の新進気鋭の研究者であった。また今村明恒は二つ年下でまだ物理学科の一年生であった。今村もこの地震がきっかけで地震学に一生を捧げる決心をしたと伝えられている（山下文男著『君子未然に防ぐ——地震予知の先駆者今村明恒の生涯』平成一四年）。

b/hから水平震度を求める式は、大森以前に工科大学（後の東大工学部）のチャールズ・ディキンソン・ウェストが地震の調査にはじめて使い、明治一八年に『日本地震学会英文報告』に発表されたものであるが、大森による転倒墓石の調査は、その後大地震が発生し、転倒物の調査がなされるたびに引用されているところをみると、調査法も含めその後の一連の調査の基準となったものと思われる。

大森は明治三一年に『震災予防調査会報告』第二一号で、その後に発生した地震の調査結果を総合し、水平震度から計算される加速度値と被害を対応付けた絶対震度階を提案した。震度階と加速度の関係の先駆けといえる。また水平震度をもとに佐野利器が静的震度法を提案し、それが世界ではじめての耐震基準に繫がったということは先に触れたが、その根源が大森による墓石の調査であったことは、佐野利器の「家屋耐震構造論」（大正五、六年）の冒頭に書かれ、本書でも第四章で一部引用している。

地震の強い揺れを測る地震計が多数設置されるようになったのは、平成七（一九九五）年の兵庫県南部地震以降である。濃尾地震の例を引くまでもなく、昨今の地震を除くと、日本では多くの大地震による揺れが墓石などの転倒物の調査や木造住家の被害率の調査結果として記録されてきた。

私も何度か地震の後にお墓を調査したことがある（図5）。倒れて落ちた墓石を足でまたぐこともあり、お墓には何度も失礼なことをした。そのとき、思わず手を合わせ「御免なさい」ということもよくあった。ときには墓地の真ん中で大森や今村など先人に思いをはせたこともある。あの世の人まで地震の研究に協力してくれる国は、日本くらいのものではない

図５　平成15年宮城県北部地震の際の涌谷（わくや）町見龍寺での様子（平成15年７月武村雅之撮影）。地震後の墓石の調査ではこんな光景にも時々出くわす

かと思う。

不可解な揺れの方向

明治二四（一八九一）年の濃尾地震に対する調査結果をみると、地下の断層の動きが地表面まで達し、根尾谷《ねおだに》を中心に長さ八〇キロメートルにもわたって各地で左横ずれの断層運動が観察された。震源が岐阜県から愛知県にかけて延びていたことがわかる。大森はこのようななかで、墓石や石碑の転倒状況を詳しく調べた。その結果や住家の被害率等から、広い範囲で今日流にいう震度７の強い揺れがあったことがわかる。濃尾地震は、岐阜県と愛知県の昔の国名

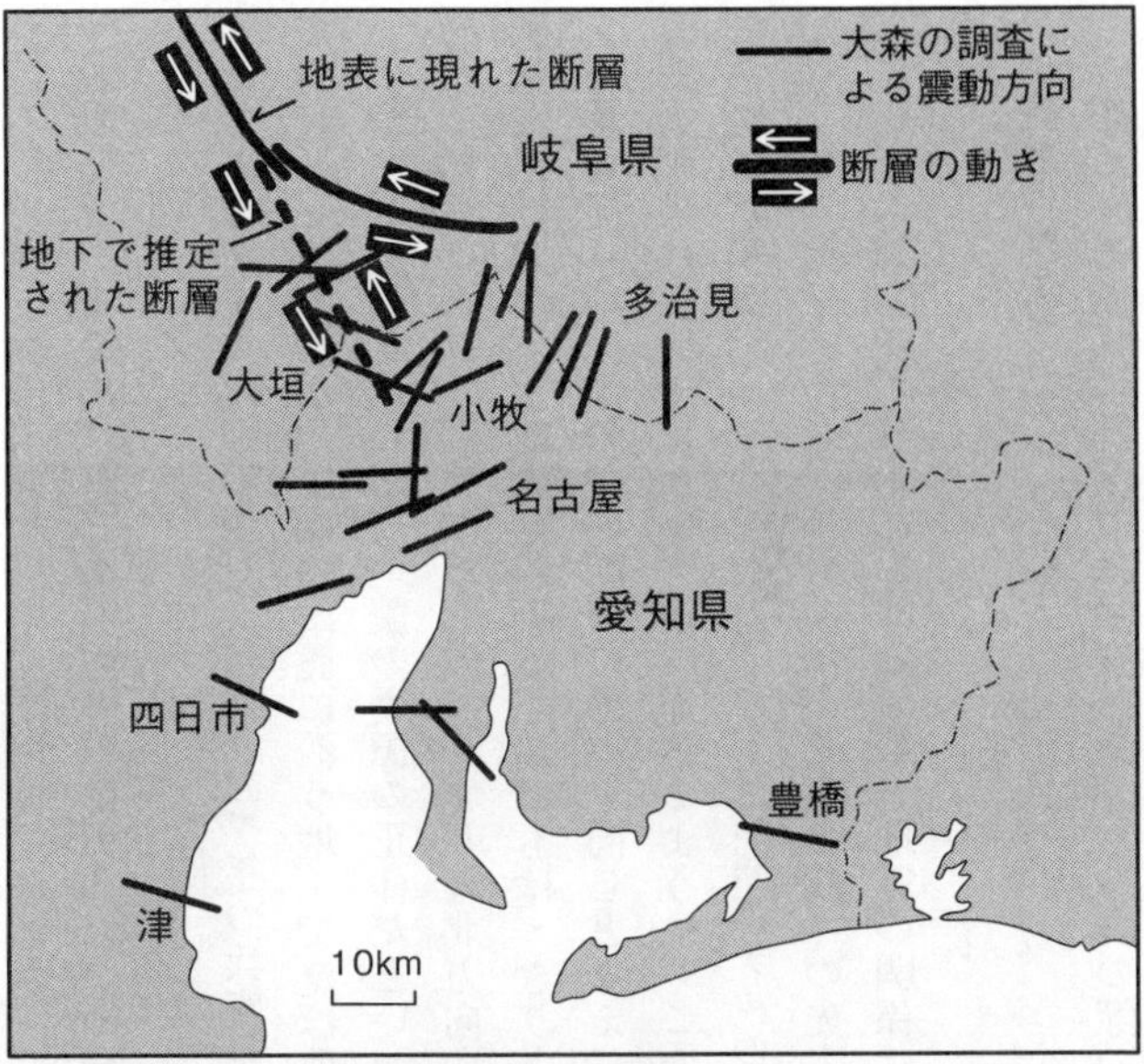

図6　明治24年濃尾地震の際の断層のずれの方向と転倒物より評価された揺れの方向（武村雅之・諸井孝文・八代和彦〔平成10年〕より転載）

である美濃《みの》と尾張《おわり》から一字ずつ取って地震の名前が付けられ、国名に掛けて〝身の（美濃）終わり（尾張）〟などといわれるほど両県における被害は激しかった。わが国で最大級の内陸直下地震といわれ一六ページの表2に示したように、死者は七〇〇〇人を超えた。

一方、大森が調べた墓石や石碑の転倒方向と、断層の位置およびその動き方を見ると、ちょっと不可解な印象をもつ。図6に断層の位置とずれの方向、およびそのとき調査された墓石や石碑の転倒方向を示す。断層は主に北西－南東方向に向き、その方向に沿って横にずれ動いているのに、墓石や石碑の転倒方向は、断層の動きと直交する北東－南西方向に向いているのである。

このような現象は、平成七（一九九五）年の兵庫県南部地震でもみられた。神戸では、地震を起こした断層が六甲山の山麓《さんろく》に沿う地下でほぼ西から東に向かって走り、それに沿って主に横ずれが起きたのが、地震の震源の正体だといわれている。それにもかかわらず、地震による揺れはそれと直交する方向、つまり南北方向に強かった。このときは墓石や建物の転倒状況だけでなく、地震計による記録にもはっきりとそのことが現れていた。

地震の揺れは、震源での断層の動きと同じと考えている人は多い。そのように考えるとこれらの現象は説明できない。後で述べるように、この現象は地震の震源の大切な性質の現れである。昭和四〇（一九六五）年ごろに断層モデルの理論が確立するまで、この現象は説明できなかった。その七〇年も前に、墓石は我々の先人に地震の震源を解き明かすヒントを与えていたのである。日本におけるお墓と地震の関係はやはりただごとではない。

地震計の始まり

お墓による揺れの計測には限度があり、地震の際の地面の動きを正確に測るには地震計が必要である。ところが、地震の際には地震計が置かれた地面そのものが揺れるのだから、それを測ることが容易でないことは想像にかたくない。そんな問題を解決してくれたのが振り子の原理である。

ある長さをもつ糸に適当な錘《おもり》をつけて、糸の端をもってぶら下げた状況を考えてみよう。その状況で錘を横から引っぱって放すと、錘は往復運動を始める。これが振り子である。振り子が一往復する時間を周期というが、この場合、周期は糸の長さで決まる固有の値で固有周期と呼ばれる。今度は、錘を止めて糸の端をもつ手をゆっくり左右に動かし、往復運動をしてみよう。手をゆっくり大きく時間をかけて左右に動かしているうちは、錘も一緒に動いているが、だんだんと左右に動かす手を早めて、振り子の固有周期よりも短い時間で往復運動すると、錘は静止して動かなくなる。もし仮に手が地面の動きとすれば、振り子は地面の動きとは関係なしに静止する点となる。これを不動点という。

地面に紙を置き、不動点にペンを付けて両者を接触させることができれば、紙には地面の動きと正反対の動きを記録することができる。これが地震計の原理である。ただし、地面の動きが正確に記録できるのは振り子の固有周期よりも短い周期の小刻みな揺れである。より長周期のゆったりとした揺れに対しては、周期が長くなればなるほど、振り子の感度が下がり、動きは急速に地面の動きに近づいて、最後には一緒の動きとなる。たとえば、振り子の固有周期の二倍の周期の揺れには感度は四分の一倍、四倍の周期には一六分の一倍と、地面の動きに対する振り子の感度は、地面の揺れの周期の二乗に反比例して下がってゆく。

固有周期よりも短い周期の揺れはそのまま記録されるので、その周期帯の揺れをねらった地震計は、地面の動きそのもの、つまり変位を測ることができるという意味で変位型地震計と呼ばれる。これに対し、固有周期よりも長い周期の揺れに対しては周期の二乗に反比例して変位を描く感度が下がる。変位の時間的な変化が速度、速度の時間的な変化が加速度である。変位が周期の二乗に反比例する性質を利用すると、加速度に相当する量を測ることができる。このような地震計を加速度型地震計と呼ぶ。つまり同じ地震計でも、固有周期より十分短い周期成分を測れば変位型、十分長い周期成分を測れば加速度型ということができる。一つの地震計ですべての揺れの成分を測ることはできない。そのため地震計は通常、揺れのある成分にねらいを定め、地面の変位を忠実に測る場合には、振り子の固有周期をできるだけ長くする。逆に加速度を測るためには固有周期をできるだけ短くして、測れる揺れの周期範囲を広げるように工夫されている。

また、揺れの成分のなかに固有周期と同じ周期の成分が含まれていると、振り子はその成分に対してより敏感に反応する。このような現象を共振《きょうしん》と呼ぶ。共振が起こると揺れの成分のうち固有周期と同じ成分が何倍にもなって選択的に選ばれ、ほかの成分が記録できなくなる。このようになると地震計としてはあまり適切ではない。このため共振の効果を緩和するために、振り子の揺れを抑える減衰装置を地震計に施すのが一般的である。第四章で述べるように建物にも固有周期があり、固有周期と同じ周期の揺れに対しては共振して建物が大きく揺れることがある。共振を防ぐことは耐震設計においても重要な課題である。

地震計に実際用いる振り子は、水平方向の揺れに対しては、水平振り子や逆立《さかだち》振り子など特殊な振り子を用い、二成分に分けて揺れを記録する。また上下方向の揺れに対しては、錘をバネで吊り下げた振り子を用いることが多い。記録方式は、ドラムに記録紙を巻きつけて、ドラムを回転させながらそれぞれの錘に付けたペンで記録する方式が一般的である。

揺れの大きさを拡大し、小さな揺れまで記録するためには、錘の動きをてこを用いて拡大してペン先まで伝える工夫がなされている。記録紙には一様に煤《すす》を塗りつけ、それを麦わらなどできるだけ軽くて先の細いペンで引っ掻いて記録する。このようにすると、細くて鮮明な線で揺れを記録できるだけでなく、ペン先が軽いためにてこによる拡大率を大きくすることができる。

揺れの記録は地震記象《きしょう》と呼ばれ、記録紙は記象紙と呼ばれる。地震計には一般にクロノメーターといわれる時刻の信号を発する器械を装着し、揺れを記録すると同時に、記象紙には一分ごとに時刻を刻む信号が記録されるようになっていた。記録が終わると記象紙をドラムから外し、煤が乱されないようにニスを塗って定着させる。古い地震の記象紙が黒いのはこの煤のせいである。

以上のような記録方式をもつ地震計を一般に機械式地震計という。これに対して、振り子の先にコイルを巻いて、磁石の間を動かし電磁誘導によって生じた電流で揺れを記録する方式を取る地震計を電磁式地震計という。最近用いられている地震計はすべてこの種類の地震計であるが、古い型の地震計の多くは機械式地震計であった。

日本で地震計による観測が始められたのは明治八(一八七五)年に東京気象台にパルミエリ式地震計が設置されたのがはじめてだといわれているが、本格的な地震計が登場し、全国各地の測候所に配備されるようになったのは明治二〇年代になってからである。その際中心となった最初の標準地震計が、グレイ・ミルン・ユーイング(GME)式地震計である。お雇い外国人の総力でできたような名前をもつこの地震計は、普通地震計とも呼ばれ、大正時代の初期までに全国で五〇地点近くの測候所に設置された。

倍率は通常五～一〇倍で振り子の固有周期は三秒程度である。トリガー式で、揺れが始まるとストッパーがはずれ、記象紙を巻いたドラムが回転し、揺れを記録するというものである。通常水平二、上下一の三成分よりなっていた。その後に登場する変位型地震計の原型をなすものである。この地震計によって観測された有名な記録としては、明治二四年の濃尾地震を岐阜や名古屋で観測したものや、明治二七年の明治東京地震の記録を東京で観測したものなどがある。これらの記録は、地震の震源についての理解が進んだ一〇〇年後になって、ようやくそれぞれの地震の震源で断層がどのように動いたかを知ることに役立った。地震の記録の価値は永遠になくなることはない。

GME普通地震計以前にもさまざまなタイプの地震計が考案されていたが、全国的に広がることはなかった。そのなかでも大正一二（一九二三）年の関東地震の際に、東大本郷で振り切れることなく揺れを記録したユーイング円盤記録式地震計は有名である。この地震計は名前からわかるように、ドラムではなく円盤上に揺れを記録する方式の地震計であった。関東地震当時にはすでに参考資料として東大の地震学教室においてあったものがたまたま貴重な記録を残したのである。

不断観測と初期微動

GME普通地震計をはじめ、これら黎明期の地震計の問題は、揺れを検知してからドラムが回り始めるために、揺れ始め（初動）が計測されないということである。また、遠くで発生した大地震などのように人体にも感じない揺れの場合には、ドラムが回らず結局は記録できないという問題もあった。これらの問題点を解決し、地震学の新たな時代を切り開いたのは、大森房吉による不断観測（今日流にいえば常時観測または連続観測）を可能にする地震計の開発であった。明治三〇年代初頭のことである。

不断観測をするには、記象紙を巻いたドラムをゆっくりと、しかも低速度で長時間回し続ける必要がある。電気が常に使え、高性能のモーターがある今日では容易なことでも、ぜんまいによるねじ巻きを動力にそのような性能を実現することは非常に難しいことであった。大森はこの問題を克服し、さらに地震計の倍率を三〇倍まで引き上げて、固有周期を一分まで延ばした地震計を実現させた。大森式の地動計と呼ばれる地震計の登場である。固有周期を延ばせた結果、長周期の地震波がとらえられるようになり、倍率を上げることで、今まで不可能であった遠くで起こる地震の揺れもとらえることができるようになった。

大森式の地動計はその後開発された不断観測ができる変位型地震計の先駆けとなり、さらに倍率を高めた大森式微動計（図7）、専門家がいない測候所でも使えるように固有周期を五秒程度に下げ取り扱いを簡単にした簡単微動計、倍率を低くし近くの大地震でもできるだけ針が振り切れないようにした変位型強震計などが生み出された。それらは全国の測候所に配備され、その結果、大正期には世界でも類を見ない不断観測のネットワークが日本列島に実現した。

大地震の震源の近くでは揺れ幅が大きく、強震計でも変位型であるため振り切れる場合が多いが、震源から少し離れれば、大地震の揺れを確実に記録した。大正一二（一九二三）年の関東地震の記録を振り切れずに観測した今村式強震計もその例である。これらの記録によって関東地震の震源の規模を示すマグニチュードが再決定できたことは先に述べたとおりである。またこの変位型地震計による観測ネットワークはのちの気象庁の観測網に発展する。現在、地震が発生すると震源位置やマグニチュードが気象庁から発表されるが、その基となるデータを観測するネットワークである。

ここで、不断観測によって実現した地震の初期微動を完全にとらえることの意味について

図7　国立天文台水沢観測所（旧緯度観測所）に展示されている大森式微動計（平成12年6月武村雅之撮影）。外観は大森式地動計とよく似ている

考えてみよう。地震の揺れが、まずガタガタという小さな揺れで始まり、ユサユサという主要動に移ることは誰しも体験することである。このガタガタが初期微動といわれる部分である。地震の揺れを運ぶ地震波には、P波とS波の二種類の波があり、P波は波の進行方向に振動する縦波で速度が速く、S波は進行方向と直交する方向に振動する横波で速度が遅い。主要動を形成するのはS波であり、速度の速いP波がそれより前に到達して初期微動を形成するというのは、今日では中学校の理科の教科書にも書かれている。

P波のPはPrimaryで最初、S波のSはSecondaryで二番目という語の頭文字であることからもわかるように、明治から大正期には、世界的に見てもまだ地震波の種類やその伝播についての十分な理解がすすんでいなかった。一九世紀前半にはすでに、弾性体《だんせいたい》を伝わる波に縦波と横波があることは指摘されていたが、理論的に予想されるこれらの波の存在を実証し、その速度を求めるというような実験的な研究は、日本で地震計ができてはじめて可能になったのである。

今村明恒の『地震学』(明治三八年)を読むと、初期微動はP波であると考えていたようではあるが、主要動がS波だという記述はない。また二年後に出された大森房吉の『地震学講話』(明治四〇年)では、さらにその点の記述はあいまいである。このあたりが、関東大震災後、大森や今村がすすめた地震学が、観測や統計に偏り、物理学的解釈が甘かったと批判されたところでもある。

それはさておき、大森は、当初から初期微動の長さが震源距離とともに長くなることに注目し、その関係を地震計の観測記録をもとに何度も何度も修正して正確なものにしていった。大森が最終的に結論を出したのは、不断観測による観測記録が蓄積されるようになった大正七（一九一八）年のことである。今日我々が大森公式と呼ぶ関係がそれで、Xを震源距離（キロメートル）、tを初期微動継続時間（秒）とすれば、X＝7.42×tという関係である。今村は、いつでもどこでも地震に遭遇すると秒数を数えながら初期微動の長さを体感で計測し、この式から震源距離を予測し即座に震源の位置を想像していたようである。関東地震の折にも、東大本郷の地震学教室の自席で神経を集中させて初期微動の秒数を数えていたことは、先に述べたとおりである。

また、揺れ始めの震動が震源の方向を向くこともある程度わかっていたので、この式を用いて初期微動継続時間から震源距離がわかれば、一地点の観測でも震源の位置を割り出すことができるし、複数点あればより精度よく震源の位置を決めることができる。それまでは、主に震度分布からよく揺れた場所を見つけてどのあたりが震源かとあいまいに推定していたのだから、まさに隔世の感というべきである。

前述の式は、震源距離Xが一〇〇〇キロメートル以内で、初期微動継続時間tが一三〇秒以内で適用されるものとなっているが、さらに遠い距離にある震源にも同様の経験式が導き出され、大森や今村は、世界のどこでいつ大地震が発生しても、不断観測による地震記象から震源位置を評価することができるようになった。当時極東の発展途上国であった日本が世界の地震学をリードできた大きな要因は、まさにこの点にあったといわれている（金凡性著『明治・大正の日本の地震学――ローカルサイエンスを超えて』）。

なお、今日では震源決定をする場合、多数の観測点で得られたP波初動の到達時刻を用いるのが一般的である。しかしながら、当時は地震観測に使われていた時計の精度が悪く、時刻を校正するための絶対時刻を伝える体制も十分整っていなかった。そのため観測点間の時刻の同時性を確保することが非常に困難であり、その意味では絶対時刻に左右されない初期微動継続時間を用いた震源決定法がもっとも有効な方法であった。

強震観測網への発展

地震が発生すると、震源の近傍では強い揺れによって建物が壊れるなどの被害が出るが、その被害を防ぐためには、まず強い揺れの性質をつかむ必要がある。ところが、そのためには、変位型地震計のネットワークでは限界がある。その様子を大正一二（一九二三）年の関東地震の際の東京大手町にある中央気象台にみることができる。当時、中央気象台の地震掛で後に東北大学の教授となる中村左衛門太郎《なかむらさえもんたろう》（一八九一〜一九七四）は『気象集誌』に次のように書き記している。

「一、地震計の破損　地震計の破損は少しく大きい地震に対しては止むを得ないとして当分覚悟しなければなりません。今回の地震に於《おい》て強震計すら破損し普通地震計も大森式微動計も支点が外れて破壊されました。簡単微動計はその儘《まま》十度許《ばかり》回転しました。

二、地震計修繕と観測続行　私の取りました第一は肉体観測を続行せしむる事でした。これは当然な事ですが大地震の際身の危険を避くるに急の場合にはこれが最も閑却され勝《がち》です。クロノメーターを戸外に運んで先《ま》ず安全地帯にあって観測続行を企てました。そうした上に第一に強震計の修理に取り掛《かか》りました。これは幸いに直ちに代用品を以《もっ》て取付を終わりましたから簡単微動計を修理しましたがこれは十度許《ばかり》回転した儘《まま》にして取付けました。これは然《しか》しその夕刻までは地震が強くて成功しませんでした。

三、普通地震計観測の中止　これは今回の大地震にあたって臨機の処置として当然の事と思います。この器械の無能はこの度の大地震に於《おい》て遺憾なく発揮されました。第一その観測は少なくとも毎時間十枚以上の用紙が必要です。若《も》しこの様な器械を働かして居《お》ったらば観測は一日とは続行できなかったでしょう。神戸からの救援がくるまでの間の数日は全くこの用紙ニスの欠乏のみに苦しみました。……」（中村左衛門太郎著「大地震の観測」大正一二年）

本震ですべての地震計が壊れ、引き続く余震のなかでそれらを修理しながら観測を続けた様子がよくわかる。普通地震計はGME普通地震計で、揺れでトリガーが掛かるたびに新しい用紙に交換しなければならず、事実上観測ができなかった様子が書かれている。また強震計と書かれているのは変位型強震計であるが、変位型では本当の意味での強震計にはなり得ないこともわかる。震源近傍で揺れの変位がどの程度になるかは、どの程度の周期の地震波を対象にするかによるが、平成七(一九九五)年に発生した兵庫県南部地震の震源直上に位置する葺合《ふきあい》で観測された記録を見ると、周期三秒程度の波でも変位は五〇センチメートルに達している。また関東地震の東京の場合も周期一〇秒余りで五〇センチメートルくらいに達したと推定される。さらに周期が長い地震波を対象にすれば、変位はより大きくなる。したがって地震波の変位を計測しようとすれば、倍率を一〇分の一以下にでもしない限り針が振り切れてしまうことが予想される。

そこで、もう一つの地震計のタイプである加速度計で強い揺れを観測しようとすることが考えられるようになった。先に説明したように加速度計は、周期が長くなると変位に対する感度が悪くなり、周期とともに変位が大きくなるという地震波の性質をうち消して、震源近傍の強い揺れに対しても振り切れることなく地面の動きを記録できるからである。

加速度計の開発は東大地震研究所の二代目所長となる石本《いしもと》巳四雄《みしお》(一八九三〜一九四〇)

が手がけた。昭和五（一九三〇）年末に完成し、翌年発生した西埼玉地震（M六・九）の揺れを本郷で観測したのが最初といわれている。その年に米国土木学会の招きで米国を訪れた東大地震研究所初代所長の末広恭二《すえひろきょうじ》（一八七七〜一九三二）は、「Engineering Seismology」と題した講演をカリフォルニア大学、スタンフォード大学、カリフォルニア工科大学、マサチューセッツ工科大学など米国の一流大学で行い、地震工学上特に加速度の実測値が必要で、大地震のときには普通の地震計は使えないので、加速度型強震計が設置される必要があることを強調した。

この勧告を受けて米国では加速度型強震計を開発し、カリフォルニア沿岸数十箇所に強震計を設置した。それによって昭和八年には、ロングビーチ地震の強震計記録を取ることに成功した。動きが遅かった日本は、その後日中戦争から第二次世界大戦を経て、強震観測網の設置がなされないままに戦後を迎えることになる。このときの末広の講演の題名が「地震工学」という熟語の始まりだといわれている。

日本での加速度型強震計の観測が本格化するのは、昭和二八年からである。その二年前の昭和二六年に標準地震計試作委員会（Strong Motion Accelerometer Committee）が設立され、石本巳四雄による機械式加速度計を基本にＳＭＡＣ型強震計が開発された。ＳＭＡＣ型強震計は設置されている構造物が破壊しても耐えられることを目標にして設計がなされ、昭和三七年までの一〇年間で八四台、昭和六〇年代までに一五〇〇台以上が官民あげて全国に設置された。

その間昭和五〇年代前半には世界に先駆けて、電磁式強震計によるアレー(群列)観測が民間の電力共通研究で開始されている。日本の強震観測の特徴は、官民のさまざまな機関が、科学技術庁国立防災科学技術センター(現在は独立行政法人防災科学技術研究所)に設置された強震観測事業推進連絡会議の下で観測を実施してきた点である。

このような日本における強震観測網を大きく変えるきっかけも平成七(一九九五)年の兵庫県南部地震であった。その際、震度情報が迅速に出せなかったことを主な反省点として、気象庁をはじめとする関係省庁や研究機関が、強震観測点や震度観測点を増強し、より地域に密着した揺れの情報を出すことを目的に観測網を整備した。その結果、現在日本における強震観測点の数は優に五〇〇〇を超えて、世界一高密度の観測体制が整えられるに至っている。

新たな問題

ここまで強震観測点の数が増えると、こんなに観測点を増やして何に使うのかという疑問も湧いてくる。地震の震源や地震波の伝播に関する研究など、学術的な利用は当然のこととして、一般国民の立場からは、地震防災上の役割が期待される。

強震観測点のうち、観測した揺れの記録から計測震度を計算して利用している観測点を、震度観測点と呼ぶ。平成一九（二〇〇七）年三月現在、震度観測点として全国で約四二〇〇ヵ所の強震観測点が稼動している。その多くは、たとえば震度5強が観測されれば、自治体が職員を招集するなど、地震時の初動体制構築の判断に使われている。

ところが、最近そのうちの地方自治体が管理する震度観測点に異変が起きつつある。それらの観測点は、もともと自治省（現在は総務省）の指導のもと、平成八年に震度の観測が体感から計測震度に変更されるにともなって、市町村に最低一つという基準で設けられたものである。それを逆手に取って、最近の市町村合併によってその数が減らされる可能性があるというのである。

震度観測点の役割は地震時にいち早く地域の震度を把握することにある。観測点の数をどのくらいにすればその役割が果たせるのだろうか。私は『関東大震災——大東京圏の揺れを知る』（平成一五年）で、大正一二（一九二三）年に発生した関東大震災の震度分布を発表した。図1（一〇ページ）はそれをもとに作成したものである。もちろん地震発生当時は震度計などない時代なので、当時の市町村ごとに集計された木造住家の全潰率から震度を推定したのである。その結果、震度は地盤の違いと驚くほどに相関し、隣接する当時の市町村でも大きく被害が異なることがわかった。当時の市町村数は全国で約一万二〇〇〇である。

ところが、その数は昭和三〇（一九五五）年ごろの市町村の大合併で急激に減り、その後も漸減して平成一九年三月にはついに一八〇七となった。一方、震度観測点は平成八年に震度の観測が体感から計測震度に変更されるにともなって設けられ、先に述べたように現状は一市町村に最低一台の水準で運用されている（当時の市町村数は約三三〇〇）。

四二〇〇点といえば非常に多いと感じるかもしれないが、地震発生時に揺れの強さを大雑把にでも把握し被害の推定に役立てようとすれば、本当に十分な数といえるのだろうか。関東大震災で評価した震度分布と比較すると明らかである。

たとえば、埼玉県の県庁所在地であるさいたま市は、最近合併した岩槻《いわつき》市を含め、関東大震災当時二八町村よりなっていた。二八町村のなかで被害から評価された震度が最大の村は7、最低の町村は5弱でその差は驚くほど大きい。これに対して現在の震度観測点の数はわずかに五ヵ所である。これでは、市内全域で被害の状況を大雑把にでもつかむという目的からは十分な数とはいえない。

また、私が住む東京都の八王子市は当時一〇市町村で6弱から5弱の違いがあるが、現在二ヵ所の震度観測点しかない。神奈川県では横須賀市が九市町村で7から6弱の差で三ヵ所、小田原市は一三市町村で同じく7から6弱で二ヵ所、相模原市は二七町村で6弱から5弱で六ヵ所である。このようななかで横浜市は三二市町村で、それらの震度は7から6弱に分布するが、現在一七ヵ所の震度観測点があり、独自に一五〇点の強震観測ネットを擁している。これらを活用すれば全市にわたって初期段階で被害推定が可能であろう。なお震度観測点の数は平成一八年時点のものである。

横浜市のようなケースは例外としても、そのほかの市町村では、震度計がたまたま市内で地盤がよいところに設置されていれば、ほかの地域の震度を過小に評価することも考えられる。地震後に自分の住んでいる場所の揺れが気象庁から発表された震度よりも大きかったという話を時々耳にするが、そのようなことが初動体制の不備につながる可能性はないのだろうか。市町村合併にあわせて震度計の数を減らせばどうなるかはいうまでもない。震度観測点が市町村に一つでいいという理屈はどこにもない。

第三章　揺れを予測する

1　鯰の正体

地震時の揺れを正確に予測できれば地震で潰れない建物を経済的に造ることが可能になるし、地震時の防災対策も立てやすくなる。地震による強い揺れを〝強震動〟というが、強震動をとらえて科学的に分析すると、さまざまな要素が絡み合った現象であることがわかる。震源で何が起こっているのか？　またそれによって生まれた地震波がどのような経路をたどって我々のいるところまで到達するのか？　そして最後に、我々のいる場所がどのような地盤上にあるのか？

強震動を正確に予測するには、これらすべての要素を明らかにして総合化する必要がある。そのなかでもっとも重要な要素は、地震の震源をどのようにモデル化するかである。日本では古来、鯰《なまず》が地震を起こすといわれてきたという。鯰の正体は何か？ 歴史をたどりながら、現在どこまで震源のことがわかり、モデル化が可能になっているかを探ってみよう。

江戸時代の人々の地震観

地震の原因についての記録が多く残っているのは江戸時代以降である。江戸時代を通じて、日本人が考える地震の原因には大きく二つの要素があったように思われる。いずれも中国の影響を強く受けている。

一つは神罰の観念で、天子が不徳で王道に違背するとき、天の警告で地震が起こるとする考えである。このため大地震が起こると、為政者は政治を改める意味で改元をよく行った。嘉永《かえい》から安政《あんせい》に年号が変わったのも嘉永七（一八五四）年の東海地震、南海地震の影響が少なからずあったものと思われる。ところが大地震は収まらず、さらに引き続いて、安政二（一八五五）年には、幕府のお膝元で安政江戸地震が発生している。

もう一つの要素は、陰陽道《おんみようどう》の思想の影響を受けたもので、寛文《かんぶん》二（一六六二）年の『太極《たいきよく》地震記』（作者不詳）、正徳《しようとく》五（一七一五）年の『萬物怪異辯断《ばんぶつかいいべんだん》』（西川如見《にしかわじよけん》）、享保《きようほう》一五（一七三〇）年の『天經或問《てんけいわくもん》』（中国明代の書に西川正休《せいきゅう》が訓点を施す）などの専門書が出されている。いずれも、地中の陽気（風や火）が外に出るとき、地の上部を厚く覆う陰気を破壊するため、震動が生じ地震となるという基本的な考え方は同じである。

後で説明するように、今日の地震学では、地震の原因は地下の岩盤が断層破壊することであり、その際生じる地震波が伝わって来て地面を揺らすということはよくわかっている。しかしながら、一般人がすべてそのことを正確に理解しているとは思われない。おそらく当時も同じことで、陰陽道の理屈は庶民には難しく、地震の原因は地下で何かとてつもないことが起こっている程度の理解ではなかったかと思われる。大鯰はそれを象徴的に、ユーモアをこめて表したものであろう。西川如見は『萬物怪異辯断』のなかで、「魚は陰中（水は陰）の陽物であるので風に例えて言えるならん」と、巷《ちまた》にある鯰の俗説に言及している。また、宝永《ほうえい》七（一七一〇）年発刊の『天地或問珍《てんちわくもんちん》』では、「鹿島の要石《かなめいし》という事児女《じじょ》の諺《ことわざ》にして云うに足らず」と述べられている。いつの時代も学者は威張っていたようである。

鹿島の要石とは茨城県の鹿島神宮にある石で、鹿島大明神がこの石で地下の鯰が暴れて地震を起こすのを抑えているという言い伝えがある。同様の石は三重県伊賀市の大村《おおむら》神社にもあり、図8はそれにちなんだ同社の絵馬である。安政二年の安政江戸地震は、旧暦の一〇月二日に起こった。一〇月は神無月《かんなづき》といわれ、全国の神々が出雲大社に一堂に会し、地元に神

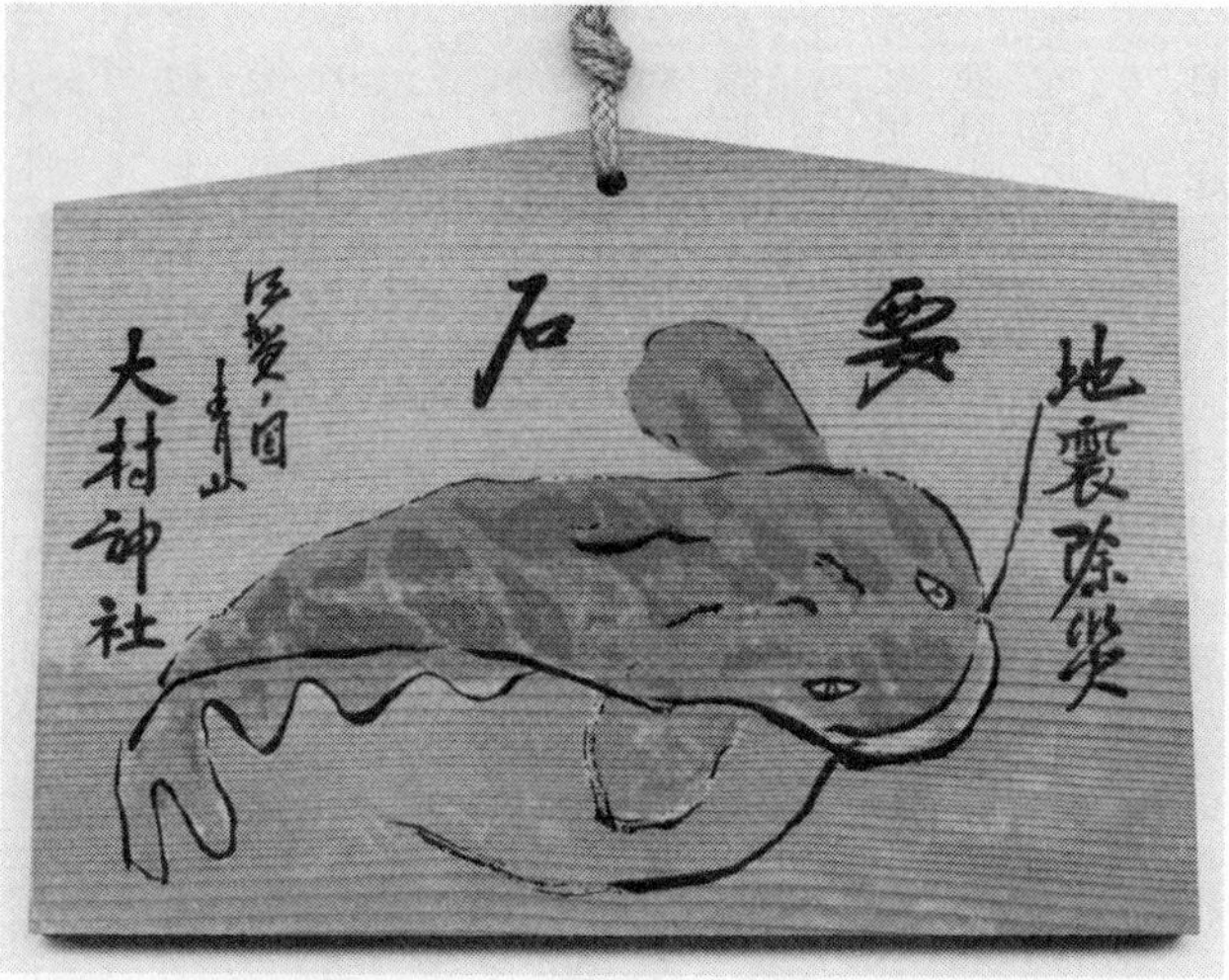

図８　三重県伊賀市阿保（あお）の大村神社の要石と記された鯰の絵馬

様がいなくなる月である。鹿島大明神が留守にしている間に鯰が暴れて地震が起こったなど、地震後、鯰と地震の関係を描いた絵が江戸市中に多数出回った。これらの絵は鯰絵と呼ばれている。

地震はなぜ起こるのか？　震源は果たして何か？　江戸時代の人々がもった疑問は、近代地震学が始まってもなかなか明らかにはならなかった。結局この問題に決着がついたのは、昭和四〇年ごろのことである。日本で地震学会が生まれ近代地震学がスタートしてから実に八〇年以上もの歳月が流れていた。その間、震源の正体がはっきりしないままに揺れの記録から震源の規模を評価しようとして生まれたのがマグニチュードである。

マグニチュード

マグニチュードは、昭和一〇（一九三五）年に米国のチャールズ・フランシス・リヒター（一九〇〇〜八五）が考え出した。リヒターはカリフォルニアで地震観測をし、震源リストを作りながら何か物足りなさを感じたという。震源の大きさが評価できないか。当時、リヒターはウッド・アンダーソン型地震計という地震計を用いた観測を行っていた。その地震計の固有周期は〇・八秒、倍率は二八〇〇倍である。そこで、地震計によって観測された記録の最大振幅値が震源からの距離によってどのように減るかをもとに、仮に距離一〇〇キロメートル相当の地点にウッド・アンダーソン型地震計があったとしたらどのくらいの最大振幅値になるかでマグニチュードを定義したのである。

具体的には、最大振幅値をμ（ミクロン）で表し、その常用対数値をマグニチュードMとした。たとえば、震源から距離一〇〇キロメートルのウッド・アンダーソン型地震計による記録の最大振幅値が一〇センチメートルなら、一センチメートルは一〇〇〇〇μだから、一〇センチメートルは一〇の五乗μとなり、常用対数値五をとってマグニチュードM五といったところである。今日我々は、マグニチュード七の直下地震とか八の巨大地震などといっているが、このときリヒターがたまたま倍率の異なる別の地震計を用いていたら、M七やM八がもっと小さな地震になっていたかもしれないし、ありえないほど大きい地震になっていたかもしれない。リヒターがマグニチュードを考え付いたころ、日本でも河角廣が震度を用いて同じように地震の規模を評価する方法を考えていた。そのことは、関東地震のMに関連して先に述べたとおりである。

マグニチュードMを地震のエネルギーに換算することがよくあり、Mが一違うとエネルギーが三〇倍違うといわれる。これはまったく後付けの解釈で、地震波の放射エネルギーを正確に評価するのは、現在の地震学の技術をもってしてもそれほど容易なことではない。

リヒターのマグニチュードMは、Mが評価された地震に対して、ほかの観測網で観測された記録の最大値から同じような値になるように経験式をつくるというふうにして、次々と異なるマグニチュードを生み出して世界中に広がっていった。昭和二〇年代後半にその考え方を気象庁の観測網にあてはめたのが、現在の気象庁マグニチュードである。

地震の震源からは、短周期から長周期までさまざまな揺れの成分を含む地震波が発生する。これに対し、それらを観測する地震計は、普通ある特定の周期範囲の地震波しか観測できない。リヒターが観測した最大振幅値は周期一秒前後の成分、気象庁のものは周期五秒前後の成分が中心といった具合である。

昭和四〇（一九六五）年ごろに地震の震源の正体が明らかになると、地震波の異なる周期成分から決められたマグニチュードは、規模の異なる地震に対して同じ値を与えることが原理的に無理であることがわかってきた。同時に地下の断層の大きさを表すために地震モーメントM_0という量が定義され、昭和四〇年代後半になると実際の地震に対し次々とM_0が評価されるようになった。それらM_0の値から新しいマグニチュードとして定義されたのが、モーメントマグニチュードM_wである。M_wは多くのマグニチュードのなかで理論的なバックグラウンドをもち物理的な意味が明快な唯一のものである。

通常、地震モーメントは周期が数十秒から一〇〇秒以上の成分から求められるので、M_wは長周期成分を代表するマグニチュードである。異なる周期成分の地震波から決められるMやM_wは、それぞれが、地震の震源の特徴を知るための重要な情報である。人の体にたとえると、身長だけでなく座高や足の長さや胴回りなどを測るとその人の体型がよくわかるのと同じようなことである。つまり異なる複数のマグニチュードの値が同じ場合を平均的な地震とすれば、人間にまったく同じ体型の人がいないように、地震にもそれぞれ個性があり、思い思いに平均からずれたマグニチュードの値を示すのである。

物理学を重視する人たちのなかには、物理的に意味の明快なM_wに地震規模を統一しようという考えもある。ここで思い出してほしいのは、地震学には地球物理学の一分野という側面だけでなく、地震防災に繋がる総合科学としての側面があるという点である。気象庁マグニチュードは、現在防災対策や津波予報など幅広く使われている。また、気象庁は大正一二（一九二三）年の関東地震までさかのぼって、日本付近の主な地震について気象庁マグニチュードを決めている。そればかりか、歴史時代を通じてわが国の地震のマグニチュードを決める基準はすべて気象庁マグニチュードになっている。物理的な意味がはっきりしないという理由から簡単に片付けられる問題ではない。本書でも特別のことわりがない限りMとして気象庁マグニチュードを採用している。

平成六（一九九四）年以後、気象庁の観測網が地震計も含めて大きく変わった。そのため平成一三年に気象庁で学識経験者の委員会がつくられ、マグニチュードに対する影響が検討された。私も委員の一人であった。委員会での結論は、できるだけ同じ特性をもつマグニチュードを気象庁マグニチュードとして今後も評価し続けるということであった。また同時に、モーメントマグニチュードも発表されれば、より豊かな震源情報になるとの意見も出された。そのためには一般国民に、マグニチュードが一つでないことをよく理解してもらい、無用な混乱が起きないようにすることが必要である。その際のキーワードは〝地震の個性〟である。

正体は断層

不断観測が始まって一五年余りが経過したころ、大正七（一九一八）年に京大に新設された地球物理学講座の教授となる志田順《しだとし》（一八七六〜一九三六）は、前年に静岡県中部で発生したM六・三の地震のP波初動の押しと引きの分布に面白い特徴を見出した。押しとは地面に立っている人を押し上げる動き。引きとは逆に引き下げる動きである。

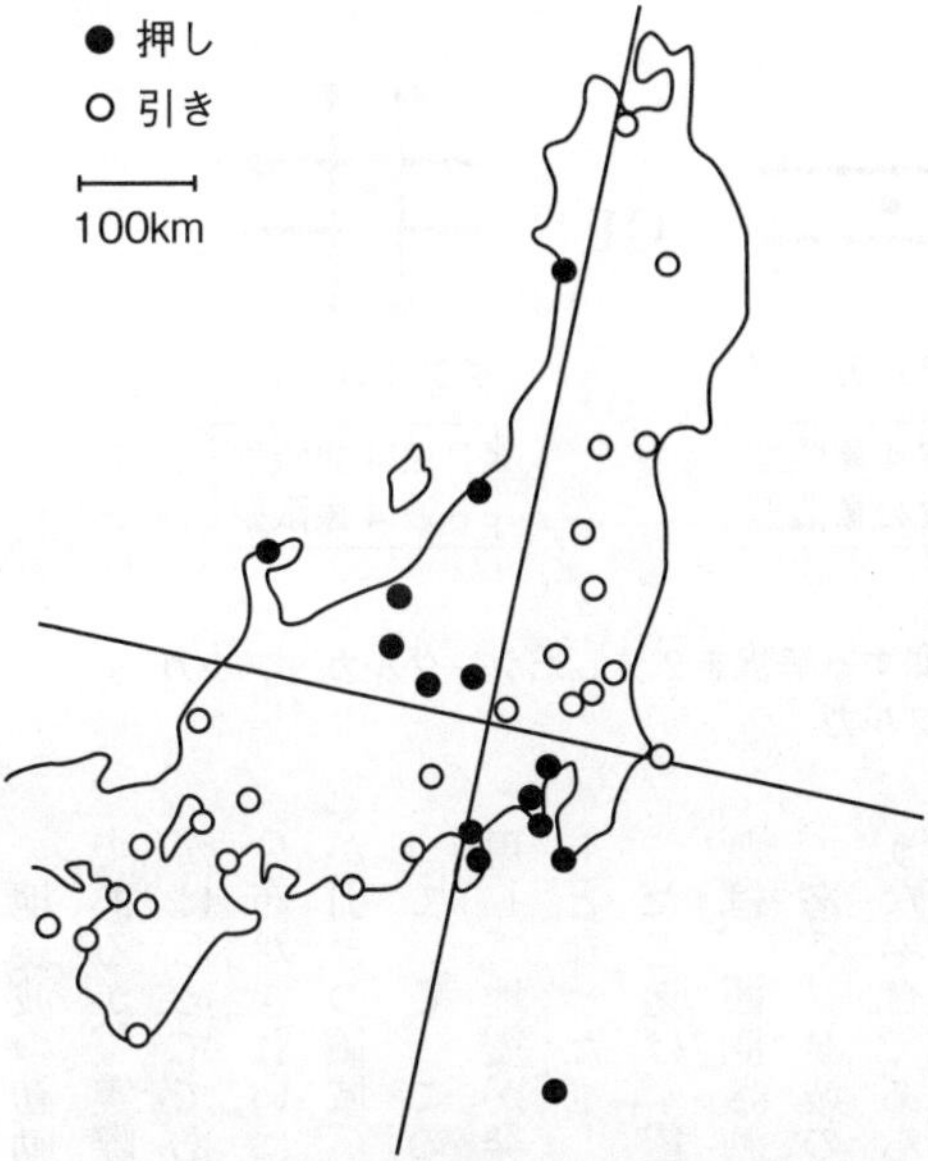

図９　大正６年静岡県中部地震（M6.3）のＰ波初動の押し引き分布（国立科学博物館編『THE 地震展』図録〔平成15年〕より転載）

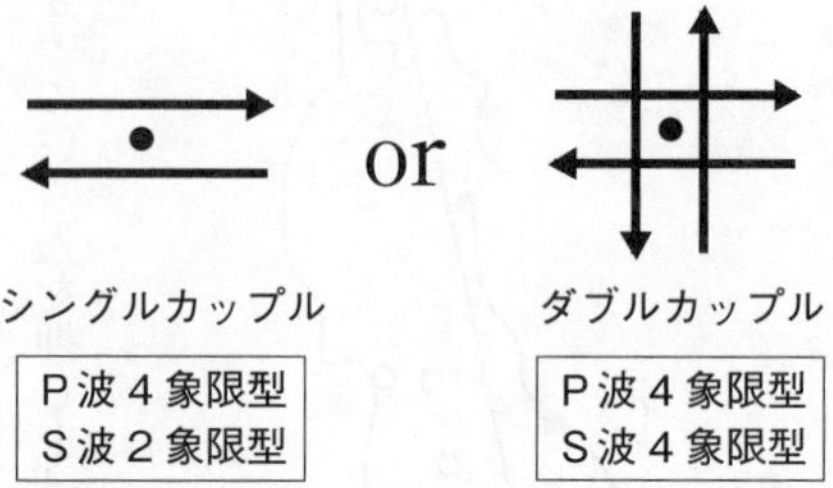

図10　震源に関する解釈を２分したシングルカップル力とダブルカップル力

地震波の初動の動きに最初に注目したのは大森房吉であるが、実際にはっきりした例を確かめたのはこれがはじめてである。図９に結果を示す。押しと引きの分布がきれいに四象限に分かれ、第一象限と第三象限が引きの領域、第二象限と第四象限が押しの領域になっている。この発見は岩盤のなかでどのような力が作用して地震が発生しているかを考える上で重要なヒントとなった。

たとえば、震源で爆発のような力が働いているとすれば、観測される地震波はどこでも押し波となるはずである。Ｐ波の押し引きが四象限型となるのはどのような場合であろうか。そこで考え出されたのが図10に示すシングルカップルとダブルカップルと呼ばれる力の組み合わせである。

一方、地質学者は地震の震源の一端をすでに捕まえていた。地震の震源が断層であるとする説はヨーロッパで生まれた。日本では東大地質学教授の小藤文次郎《ことうぶんじろう》（一八五六〜一九三五）が明治二四（一八九一）年の濃尾地震の際に根尾谷で断層を見つけ、世界に発表した。この発表は高い評価を受け、みずからも断層地震説を確信した。この後も明治三九年のサンフランシスコ地震で地表に断層が現れたが、その後日本では断層の明瞭でない地震の例もいくつか発見され、断層地震説もそれだけでは確たるものとはならなかった。

断層はある面を境にして地下の岩盤が食い違うもので、先の二種類の力の組み合わせをみると、直感的にはシングルカップルが有利にみえる。これに対して、中央気象台の本田弘吉《ほんだひろきち》（一九〇六〜八二、昭和二六〔一九五一〕年に東北大学教授となる）は、二種類の組み合わせで、理論的に震動方向のパターンが違うS波に注目し、昭和六年ごろから精力的に観測記録の分析を始めた。P波では押し引きのパターンがともに四象限型になるのに対して、S波では、シングルカップルでは二象限型、ダブルカップルでは四象限型を示すからである。本田は戦争を挟み昭和二〇年代までに、多くの地震で観測されるS波の震動方向が四象限型であることを明らかにして、ダブルカップルモデルの正しさを主張した。

この議論にようやく決着をつけたのは東大地震研究所の丸山卓男《まるやまたくお》（一九三三〜）で昭和三八年に弾性体中の食い違いとダブルカップルの力の組み合わせが等価であることを理論的に証明する論文を発表した。これによって、震源の正体が地下の岩盤中で起こる断層であるこ

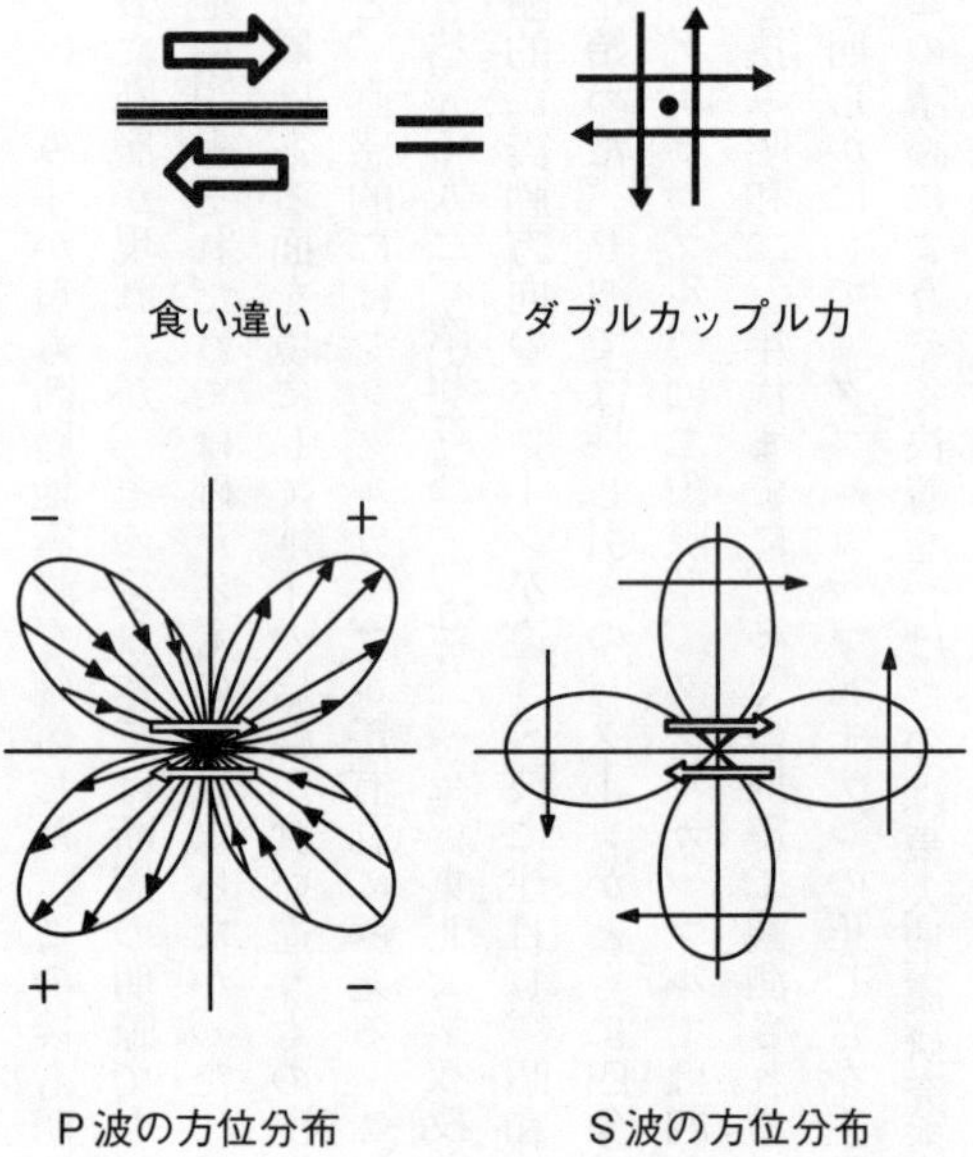

図11　断層とダブルカップル力の等価性と、P波とS波の振幅分布と震動方向

とが確実になった。図11の白い矢印は断層の食い違いを示し、その際に生じるP波とS波の振幅分布と震動方向を示す。P波は断層面とそれに直交する面の方向には放射されず二つの面の間で大きくなるのに対して、S波は逆に断層面とそれに直交する面の方向で振幅が大きくなる。また、断層面が仮に直交した面であってもP波やS波の震動パターンは同じになり、P波やS波から震源の断層面を一意に決めることができないこともわかる。

すべりと広がり

断層などというと難しそうだが、ガラスが割れるのと同じように地球規模の大きな力が日本列島にかかり、その力に耐え切れなくなって地下で岩石が割れる現象が地震の正体である。その弾みで震動が生じ、それが伝わるのが地震波と考えればよい。ただしその割れ方が、ある面を境としてその両側の部分が面に沿ってそれぞれ反対方向にすべるのである。これが断層破壊である。ガラスの場合、ひび割れ全体がまったく同時にできるわけではない。あるところに入ったひび割れが目にも止まらぬ速さで進行して大きなひび割れとなる。これと同じように震源の断層でも普通は断層面の一点からすべりが始まって、それが広がって広い範囲に食い違いを起こすのである。このような震源を伝播性震源と呼ぶ。

図12に震源断層のイメージ図を示す。左上の図のように二つのブロックがある面を境とし

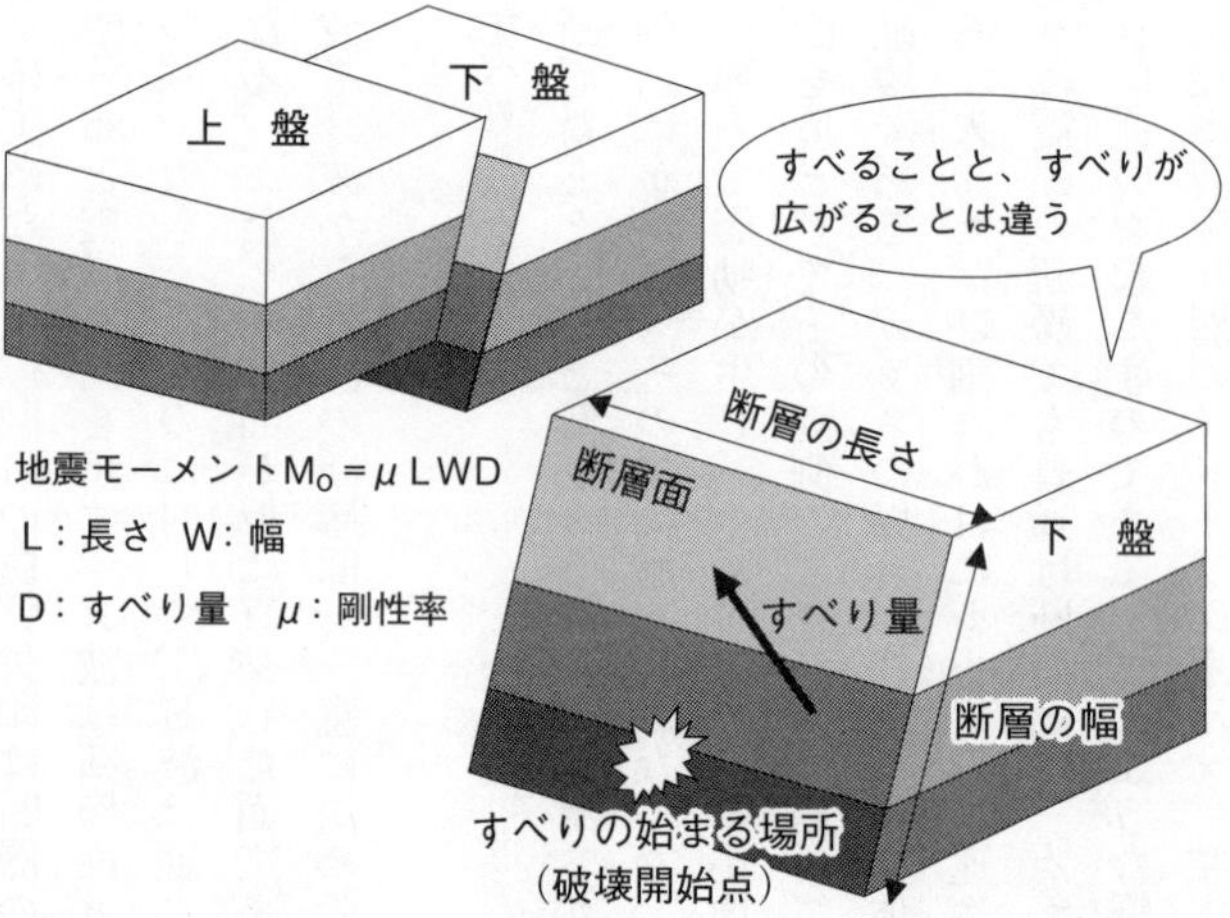

図12　震源断層のイメージ図

て反対方向にずれた状況が断層で、それぞれのブロックを上盤、下盤と呼ぶ。図のように上盤がのし上がるようなすべり方を逆断層、下がれば正断層と呼ぶ。また手前のブロックを基準に向こう側が右にずれるのを右横ずれ断層、左にずれるのを左横ずれ断層という。したがって図の場合は右横ずれ断層でもある。

右下に下盤の断層面を取り出した図を示す。矢印は上盤のすべる方向を示し、すべりの始まった場所を破壊開始点と呼ぶ。通常、地震計で観測した記録から震源を決める場合、P波やS波の初動の到達時刻を用いて決めるために、最初に地震波を発生した地点、つまり破壊開始点の位置を決めていることになる。通常の

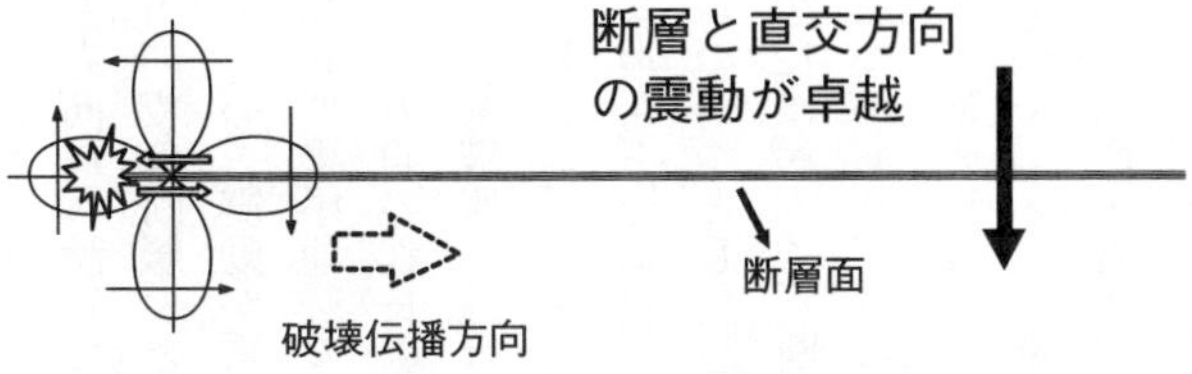

図13　伝播性震源の効果で断層の走行と直交する方向の震動が強くなるしくみ

地震の場合、すべり速度は毎秒一メートル程度、これに対してすべりが広がる速度を表す破壊伝播速度は、毎秒三キロメートル程度とまさに目にも止まらぬ速さである。地震の震源が伝播性震源であることも、地震の正体が判明する直前の昭和三五年ごろに地震記録の解析から確認された。

このような伝播性震源の効果が思わぬ強い揺れをもたらすことがある。図6（六三ページ）に示した濃尾地震の場合、左横ずれ断層で、強い揺れの方向が断層のすべる方向に直交している。先にこのような関係が断層モデルによって説明できるようになったと書いたが、そのことを説明するための図が図13である。図13は図6と同様に断層を上からみたもので、二重線が断層で、ずれも同じ左横ずれを想定している。断層破壊が左端からすべり始めたとすると、すべりの進行した部分から出るS波は、図11で説明したように振幅が大きくなる方向が四つある。そのうちの一つが破壊の伝播する方向と一致し、四つの矢印のうちその方向へ出るS波の震動方向は断層面と直交する方向である。破壊が進行するにつれて地震波を発生させる場所が断層に沿って右方向に移動してゆくが、各部分からS波が放出されるパターンは同じで、特に破壊の進行方向では断層のどの部分から出る波も断層に直交する方向に震動がそろうことがわかる。このため、震動が重なり合って強い揺れをもたらすのである。

図6の濃尾地震の断層破壊は北西から南東に向かって進行したとされ、図6のように断層の南東方向の延長線上でも断層と直交する方向の震動が卓越して大きな被害を出した。このように、破壊が進行する効果とS波の放射パターンが重なり合って揺れが大きくなる現象は、NFRD（Near Fault Rupture Directivity）効果と呼ばれている。NFRD効果は内陸直下地震（あとで内陸型地震と呼ぶ）による強震動発生の大きな特徴とされ、重大な被害を生み出す要素の一つとして恐れられている。

図12に戻って、断層の大きさを決める量に着目すると、断層の長さL、幅W、すべり量Dの三つがあり、さらにその三つの量の積に、断層面の剛性率μを掛け合わせた値を地震モーメントM_0と呼んでいる。この値は先に説明したダブルカップル力のうちの一組のカップル力がもつモーメント量に対応する。この$M_0=\mu\times L\times W\times D$という式こそダブルカップル力と断層との等価性を表す関係式なのである。すべり速度、破壊伝播速度も含めてこれらの量を断層パラメータまたは震源パラメータと呼んでいる。

多くの異なる規模の地震について断層パラメータを決めると、きわめて大雑把な関係としてLとWとDには比例関係があり、M_0はマグニチュードMが一違うと三〇倍違う関係にあることがわかっている。このような関係をスケーリング則（相似則）と呼ぶ。

スケーリング則にしたがって、地震の大略の大きさを示すと、関東地震のようなM八クラスの地震の断層長さLは、一五〇キロメートル程度で通常の県二つ分くらいの広さの断層面積をもち、断層面上で平均して三メートルくらいのすべり量がある。M七クラスではLは五〇キロメートル程度で小さめの県ないしは通常の県の一部程度の大きさですべり量は一メートルくらいである。

過去の被害地震の名前をみても明治二四（一八九一）年の濃尾地震はM八クラスで断層は愛知、岐阜両県にまたがっているが、昭和二（一九二七）年の北丹後地震（M七・三）は北丹後すなわち京都府北部、昭和一八年の鳥取地震（M七・二）、昭和二三年の福井地震（M七・二）、平成七（一九九五）年の兵庫県南部地震（M七・三）、平成一六年の新潟県中越地震（M六・八）など、M七クラスだと名前に冠される県名は一つとなる。みな名は体を表しているのである。

2　震源断層を知る

地震を引き起こす地下の断層を震源断層と呼ぶ。強震動を予測する場合に避けて通れない最初の関門は、どこでどの程度の規模の震源断層が動くかをあらかじめ知ることである。日本列島で大きな被害をもたらした地震を見ると、海のプレートと陸のプレートとの境界で発生するプレート境界地震と、内陸直下で発生する内陸地殻内地震がある。最新の地震学でこれらの地震の震源断層がどの程度予測できるかをみてみることにしよう。

内陸型地震と活断層

表2（一六ページ）で主な被害原因の欄に震動と書かれた地震は、すべて内陸地殻内地震（以下、内陸型地震と略す）である。強震動予測が震動による被害の軽減をはかるために試みられていることを考えると、内陸型地震の震源予測は強震動予測にとってまさに最重要課題である。

そこで、手がかりとして注目されるのが活断層である。活断層は阪神・淡路大震災を引き起こした兵庫県南部地震で一躍大きな注目を集め、それ以後、国も大規模な調査に乗り出した。調査結果は文部科学省の地震調査研究推進本部のホームページで公開されている。地震が発生したときに震源断層の動きに引きずられてその一部が地表に顔をだすことがあること は、先に濃尾地震やサンフランシスコ地震の例をあげて紹介した。このように地表に現れた断層を、震源断層と区別して地表地震断層と呼んでいる。兵庫県南部地震の際、淡路島に現れた断層も地表地震断層である。

一方、震源断層が繰り返しずれ動き、何度も同じところで地表地震断層を生じた結果生まれる地形の傷跡のことを、活断層と呼んでいる。兵庫県南部地震の地表地震断層は以前から知られていた淡路島の野島断層という活断層に沿って生じた。つまり、その際の地表地震断層の出現は、今まで何度も地表地震断層が出現し、野島断層を形作ってきた活動のひとつといえる。活断層研究会編『新編日本の活断層』(平成三年) によれば、約二〇〇万年前から始まる最新の地質時代である第四紀に活動してできた傷を活断層と呼ぶことにしている。活断層の形成過程を考えれば、現在影響のある活動をしているかどうかは別にして、その下に地震の原因である震源断層があることは明らかで、活断層は内陸型地震の震源を想定する上で有力な手がかりとなる。日本列島全体では約二〇〇〇の活断層が知られている。

そこで、活断層と震源断層の関係をもう少し詳しく説明してみよう。先に内陸型地震を内陸地殻内地震と呼んだが、その理由はそれらが内陸の地殻内、しかもその上部に限って震源

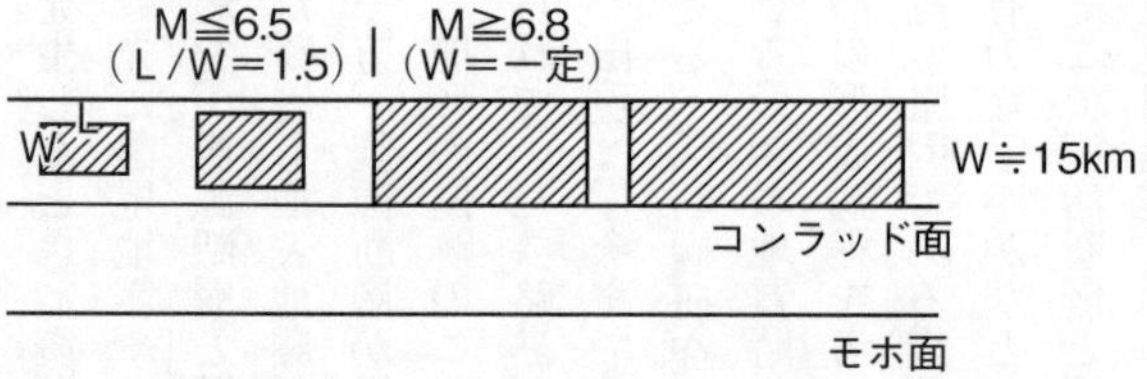

図14　地殻内での地震の発生域と地震規模（山中ほか〔平成18年〕より転載）。LとWは震源断層の長さと幅、Mは気象庁マグニチュード

断層をもつからである。日本列島の地殻は約三〇キロメートルの厚さをもち、その下のマントルとはモホロビチッチ不連続面（モホ面）と呼ばれる地震波速度の不連続面で境されている。そのうちの上部約一五キロメートル分が、震源断層の存在が可能な上部地殻である。上部地殻と下部地殻との境界は、コンラッド不連続面と呼ばれる面で境されていることが多い。

日本列島で過去に発生した内陸型地震の断層の長さや幅を調べ、一方で地表地震断層をともなったかどうかを調べると、気象庁マグニチュードMが六・五〜六・八付近を境にして、それよりMが大きい地震では、断層の幅が一五キロメートル付近で飽和し、同時にほとんどすべての地震が地表地震断層をともなうことがわかってきた。図14はその様子を模式的に表したものである。つまり、それらの大地震では、幅方向に、地震が発生できる上部地殻の厚さで制限を受け、長さ方向にしか断層が成長できないのである。

では、地震が起こった際に出現する地表地震断層の長さは震源断層の長さに一致するかというと、話はそう単純ではない。ほぼ同じ場合もあるがそれより短い場合もある。特にM六・八程度になると地表地震断層が発見されたかどうかが、専門家の間で議論を呼ぶほど微妙な問題となる場合も多い。最近発生した新潟県中越地震や新潟県中越沖地震のMはいずれも六・八である。

これに対し、活断層は地下の震源断層が何度も何度も動き、そのたびに生じた地表地震断層が、積もり積もって地形に傷を作ったものである。一度の地震で出現する地表地震断層が震源断層の全長を現さなくとも、活断層はより高い確率で震源断層を反映している可能性がある。また活断層を含む周辺の地形の成り立ちを分析することによってその精度はさらに高まるものと期待される。最近では地下構造探査の技術も進み、それらを同時に活用すれば、活断層の下にある震源断層の全体像を正確に把握することも夢ではない。研究者の努力が続けられている。

活断層データの限界

次に問題になるのは、活断層の下でいつごろ地震が起こるかということである。地震調査研究推進本部が出す『地震がわかる！　Q&A』というパンフレットには「活断層を掘削して調査を行うと、過去に繰り返し発生した地震の規模や間隔などがわかり、将来の活動の可能性を推定することができます」と書かれているが、その実態はどんなものなのだろうか。

たとえば、首都圏にある立川断層は、東京都西部の多摩地区を北西から南東に走る活断層で、全長は三三キロメートル、M七・四の地震を起こす規模と想定され、問題の活動の可能性は三〇年以内に〇・五〜二%、一〇〇年以内に二〜七%などと書かれている。さらにこの確率が出された根拠をみると、平均活動間隔が一万〜一万五〇〇〇年程度、最新活動時期が約二万年前から一万三〇〇〇年前の間、つまりそれ以後地震は発生していないというのである。これらの情報からどのようにして先に述べた発生確率を出すかの説明は省くが、我々の日常生活の実感からして「将来の活動の可能性を推定している」などとは到底いえるものではない。現在までに調査された全国一〇九の活断層の調査結果も大同小異の感が強い。

ただし、いえることはどの活断層から調査された結果をみても、そこで起こる地震の平均活動間隔は一〇〇〇年以上で、一万年以上のものもかなりある。結局、最新の活動が歴史時代に確認されているものを除いては、いつ地震が発生してもおかしくないと考えて想定の対象とするしかないということである。

ちなみに、表3に歴史地震との対応が推定されている活断層をまとめた。当然、いずれの活断層でもここ一〇〇年程度の地震発生確率はゼロに近い評価がなされている。つまりシロ

表３　歴史地震との対応が推定される活断層（地震調査研究推進本部『主要活断層帯の長期地震発生確率値』〔平成19年１月１日算定〕から作成）

断層名	歴史地震
津軽山地西縁	1766年（明和３年）の地震
能代	1694年（元禄７年）能代地震
真昼山地東縁北部	1896年（明治29年）陸羽地震
横手盆地東縁	1896年（明治29年）陸羽地震
会津盆地西縁	1611年（慶長16年）会津地震
北伊豆	1930年（昭和５年）北伊豆地震
信濃川（長野盆地西縁）	1847年（弘化４年）善光寺地震
跡津川	1858年（安政５年）飛越地震
阿寺主部南部	1586年（天正13年）天正地震
福井平野東縁西部	1948年（昭和23年）福井地震
濃尾（温見北西部・根尾谷・梅原）	1891年（明治24年）濃尾地震
木津川	1854年（安政元年）伊賀上野地震
三方・花折北部	1662年（寛文２年）の地震
山田郷村	1927年（昭和２年）北丹後地震
有馬―高槻	1596年（文禄５年）慶長伏見地震
六甲・淡路島主部（淡路島西岸）	1995年（平成７年）兵庫県南部地震
山崎主部北西部	868年（貞観10年）播磨国地震
別府―万年山（別府湾－日出生東部）	1596年（慶長元年）慶長豊後地震
水縄	679年（天武７年）筑紫地震
警固断層帯北西部	2005年（平成17年）福岡県西方沖地震

の判定である。このように活断層にシロの判定を下すには、古文書などの記述をもとに歴史時代に起こったことが確認できる地震が大きな役割を果たす。歴史地震の発生年代の特定は、活断層による地震の発生履歴の推定に比べてはるかに精度がよい。わが国には歴史資料が多数残されている。活断層の調査と同時に、歴史地震に関する調査研究をすすめることも重要である。

以上は、比較的規模が大きい内陸型地震の震源断層の特定に関する状況である。残る問題は、活断層としてはもちろん、地形にも痕跡を残さないような比較的規模の小さい地震の震源をどのように扱うかである。この点については後でも触れるが、今のところ強震動予測の枠組みからははずさざるを得ない。M六・五より小さい地震はほぼもれなくこのような地震であると考えてよい。平成一五（二〇〇三）年に発生した宮城県北部地震（M六・四）もその一つである。はっきりとした活断層の直下で発生した地震ではないが、震源直上の地域にかなり大きな被害をもたらした。活断層が近くにないからといって、内陸型地震に対する備えを怠るとすれば、不幸な結果になることも十分にありえるのが現状である。

アスペリティモデル

プレート境界地震は、日本では海溝沿いで起こるため海溝型地震と呼ばれている。内陸型地震が一〇〇〇年以上の発生間隔で起こるのに対して、海溝型地震は数十年から一〇〇年程度の周期で繰り返して起こる。このため、近代地震学がスタートしてから同じ場所で二度目の発生を迎えるところもあり、また歴史時代までさかのぼれば場所によっては一〇回近くも繰り返しが確認できるところもある。このことが海溝型地震の理解を早めた第一の要因である。

海洋プレートが陸側のプレートの下に潜り込む地域、日本では太平洋プレートが潜り込む日本海溝沿いとフィリピン海プレートが潜り込む相模トラフから南海トラフ沿いの地域が、海溝型地震の発生場所である。プレート境界におけるおおまかな地震発生モデルは、プレートテクトニクス理論ができあがった昭和四〇年代にはすでに存在していた。それによれば、海洋プレートが沈み込む際には沈み込むプレートと陸側のプレートとが固着していて、沈み込むプレートが陸側のプレートを引きずっている。陸側のプレートが引きずりに対抗して反発する力は、海洋プレートの沈み込みにともなって次第に大きくなり、その力がプレート間の摩擦力を上回った瞬間に固着がはずれて陸側のプレートが急激に跳ね返る。これが海溝型地震の発生メカニズムである。

ところが最近の研究によって、このプレート間の固着の様子が一様でないことがわかってきた。普段は強く固着していて地震のときにだけ急激にすべる領域と、普段からじわじわずるずるすべる領域に分けられるということである。前者がアスペリティと呼ばれる領域で、後者はゆっくりすべり域と呼ばれる領域である。このようにプレート境界を二つの領域に分けて海溝型地震の発生を記述しようとするモデルをアスペリティモデルと呼ぶ。アスペリティモデルによれば、地震が繰り返してもアスペリティの場所は変わらず、一方地震が起きていないときには、ゆっくりすべり域でプレート境界がすべることによって、地震時に急激にすべるアスペリティに力が集中してゆくのである。したがって、地震の際に大きくすべる領域はアスペリティということになる。

アスペリティモデルが注目されるようになったのは、東大地震研究所の永井らが平成一三（二〇〇一）年に出した論文で、昭和四三（一九六八）年五月一六日に発生した十勝沖地震（M七・九）と平成六（一九九四）年一二月二八日に発生した三陸はるか沖地震（M七・六）の地震記録を詳細に再解析したのがきっかけである。その結果、両者の断層すべりの分布が比較できるようになり、三陸はるか沖地震のアスペリティが、十勝沖地震の二つのアスペリティのうちの一つであるということがわかったことによる。

図15にその結果を示す。aが十勝沖地震、bが三陸はるか沖地震の結果である。実線の四角で囲まれたところは、余震分布などから求められた断層面で、それぞれプレート境界に沿っており西へ傾いている。すべりの分布をみると、先に述べたように断層面上で一様ではな

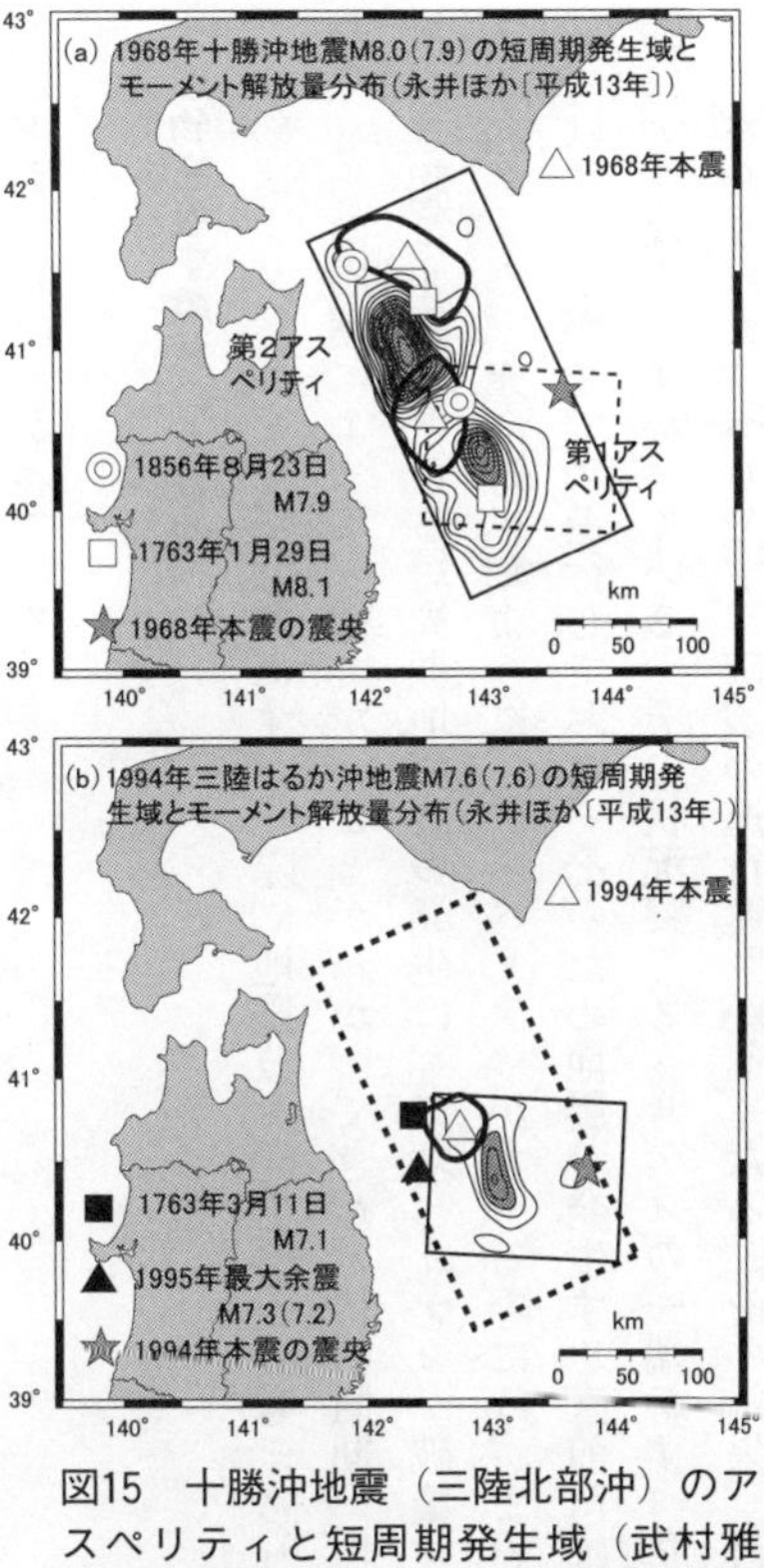

図15　十勝沖地震（三陸北部沖）のアスペリティと短周期発生域（武村雅之・神田克久〔平成20年〕より転載）。Mは震度から推定したマグニチュードでかっこ内は気象庁により発表されたマグニチュード。コンターの影を付けた部分はアスペリティでモーメント解放量の最大値の半分以上の領域

く、特に影を付けたところが大きくすべった部分、すなわちアスペリティだと推定される。十勝沖地震には第一、第二の二つのアスペリティが、三陸はるか沖地震には一つのアスペリティが存在し、三陸はるか沖地震のアスペリティが十勝沖地震の第一アスペリティに一致していることがわかる。

また図の星印は震源位置、すなわち破壊開始点で、十勝沖地震ではそこから破壊の伝播がいったん南へ移り、その後北に転じて、第一、第二のアスペリティを順番に破壊しすべらせ

たことも同時にわかっている。

建物を壊す震源のありか

一般にアスペリティが急激にすべる際に地震波が発生すると考えられているが、地震波の発生もその周期によって一様でないことがわかってきた。特に周期一秒以下で地震災害を直接引き起こす原因となる短周期地震波の発生は、アスペリティが破壊する終端部で大きくなる傾向がある。先に述べたように、アスペリティがすべる際には、まわりのゆっくりすべり域ではすべりがすでに進行しており、そのため地震が発生する直前には、アスペリティの周囲に大きな力がかかっている。その状況でアスペリティの一端がすべり始めるとアスペリティのまわりほどすべりやすく破壊の進行速度が速くなる。その結果、最後にアスペリティの終端部に破壊の進行が集中して、大きな速度ですべるため短周期地震波が強く放出される。このような理論的研究も発表されている。短周期地震波の発生場所は、いわば建物を壊す震源のありかである。

見方を変えると、腕や足に貼った膏薬《こうやく》をはがす際、じりじりとした痛みが最後にはがれる瞬間頂点に達するのとよく似ている。はがれるとともに固着する面が次第に狭くなり最後にはがれる速度が最大になって皮膚を強く引っ張るからである。震源断層でも、すべりの進行とともに固着面が次第に少なくなって、最後に大きな速度で一気にすべると考えてもよいかもしれない。

図15には震度分布から短周期地震波の発生域（以下、短周期発生域と呼ぶ）を求めた結果が太い実線で重ね書きされている。三角印はその中心（短周期発生中心）である。aの十勝沖地震では、青森県の八戸《はちのへ》沖に一つと北海道の浦河《うらかわ》沖に一つ短周期発生中心がある。先に述べたアスペリティの位置ならびにすべり方を頭に置くと、第一アスペリティの破壊の終端部は八戸沖、第二アスペリティの破壊の終端部は浦河沖あたりに予想される。結果はそのとおりになっていて、アスペリティの終端部から短周期地震波が発生するという理論的な予測を裏付けている。

またbの三陸はるか沖地震では八戸沖に一つの短周期発生域ならびにその中心を求めることができる。破壊開始点からみるとアスペリティを破壊する終端部が八戸沖に対応し、三陸はるか沖地震のアスペリティが単に十勝沖地震の第一アスペリティと位置が同じであるというだけでなく、同様な方向に破壊したことを示している。bには、平成七（一九九五）年一月七日に発生した、三陸はるか沖地震の最大余震に対して、同じ方法で推定した短周期発生中心が黒三角で示されている。本震の断層面より、やや西側の陸地の近くに位置している。

震度でわかる地震の履歴

さらにこの地域では、過去にもたびたび地震があり、安政三年七月二三日(一八五六年八月二三日)と宝暦《ほうれき》一二年一二月一六日(一七六三年一月二九日)、宝暦一三年一月二七日(一七六三年三月一一日)の三度については、震度分布が比較的詳しく調べられている。これらの地震はいずれも江戸時代に発生したもので、地震計による記録はなく、すべり分布を求めることはできない。しかしながら、もしもアスペリティモデルにしたがってアスペリティの位置が変わらないとすれば、短周期発生域を比較することで、断層破壊の様式を推定することができるかもしれない。

このように考えてそれぞれの地震に対し、震度分布から短周期発生中心を求めた。aには安政三年の地震と宝暦一二年の地震の結果をそれぞれ二重丸と四角印で示す。震度分布から推定されるMはそれぞれ七・九と八・一であり、昭和四三(一九六八)年の十勝沖地震とほぼ同じ規模の地震であったことがわかる。まず二重丸の位置に注目すると、安政三年の地震の短周期発生中心は八戸沖と浦河沖にあり、昭和四三年の十勝沖地震とほぼ同じである。このことは、安政の地震も昭和の場合と同じく、第一アスペリティと第二アスペリティを南から順番にすべらせていった可能性があることを示している。

これに対して宝暦一二年の地震の場合には、四角印が浦河沖と岩手県の宮古沖にある。浦河沖はほかの二つの地震と同じく、第二アスペリティのすべりが南から北に向かって進行したとすれば解釈できるが、第一アスペリティに関しては八戸沖とは反対に宮古沖に短周期発生中心が求められている。先に述べたように、短周期地震波を強く発生する場所がアスペリティ破壊の終端部だとすれば、ほかの二つの地震とは逆に第一アスペリティのすべりは北から南へと進行した可能性がある。つまり両者を総合すると破壊は、断層の中央から両側に広がっていったことになる。

一方、一ヵ月半後に発生した宝暦一三年の地震を同じように解析すると、地震規模Mは七・一と宝暦一二年の地震に比べてかなり小さい。また短周期発生中心は八戸沖で、平成七（一九九五）年一月七日に発生した三陸はるか沖地震の最大余震（M七・二）とよく似た位置に求めることができる。bの図に黒四角でその位置を示す。この地震は宝暦一二年の地震の余震（規模から推定して最大余震かもしれない）と考えられる。規模も含めて三陸はるか沖地震の最大余震とよく似た地震であったと考えられる。

以上のように、プレート境界では、毎回まったく同じようにして巨大地震が繰り返し起こっているわけではないが、かといってでたらめに起こっているわけでもない。毎回多くの共通点をもちながら繰り返していることがわかってきた。このような特性はアスペリティとなる場所が共通していることから生まれるのであろう。同様の結果は、昭和二七年と平成一五年にM八クラスの地震が発生した北隣の北海道の十勝沖地震の領域でも確かめられている。この二つの地震は、地震規模、破壊開始点の位置、アスペリティや短周期発生域の位置、最大余震の規模と位置まで非常によく似た関係をもっていた。また文久《ぶんきゅう》元(一八六一)年、明治三〇(一八九七)年、昭和一一年、昭和五三年、平成一七年とM七・五クラスの地震が繰り返し発生してきた宮城県沖地震の領域では、文久、明治、昭和五三年の地震は同様に複数のアスペリティを一度に破壊したが、昭和一一年は一部を破壊し、その前後に残りを破壊する地震をともなっていたと推定されている。平成一七年の地震は昭和一一年の地震とよく似た地震であったことがわかっており、今後残りのアスペリティを破壊する地震の発生が懸念されている。

南海トラフの巨大地震

駿河湾から四国の足摺《あしずり》岬沖にかけては天武《てんむ》一三(六八四)年以来、わかっているだけでも九回の巨大地震の繰り返しがある。表4に、そのうち宝永四(一七〇七)年以来過去三回の繰り返しの様子を示す。二〇年このかたいわれてきた、駿河湾を中心に想定されている東海地震の発生の可能性は、嘉永七(一八五四)年の安政東海地震で震源域が駿河湾にまでおよんでいたのに、昭和一九(一九四四)年の昭和の東南海地震では駿河湾地域に震源域がおよ

表4　南海トラフ巨大地震の繰り返しと規模と発生間隔のシミュレーション結果（日本地震学会地震予知検討委員会編〔平成19年〕をもとに作成）

南海（足摺岬から潮岬沖）	←	東南海（潮岬から御前崎沖）	東海（駿河湾）
宝永地震　M8.7[8.7] 宝永4(1707)年10月28日			?
↓147年[109年]			
安政南海　M8.4[8.6] 嘉永7(1854)年12月24日	1.5日 [7日]	安政東海　M8.2[8.4] 嘉永7(1854)年12月23日	
↓90年[103年]			
昭和南海　M8.0[8.6] 昭和21(1946)年12月26日	2年 [97日]	昭和東南海　M7.9[8.1] 昭和19(1944)年12月7日	想定 東海地震

[ ]内の数字は堀高峰によるシミュレーションの結果

ばず、すべり残っていると考えられたためである。また、東海と南海で分かれて地震が起こる場合、東海側で先に地震が発生し、しばらくして南海側で地震が起こるという特徴もみえる。

ちなみに、安政東海・南海地震は発生年はともに嘉永七年である。先に述べたように、これらの地震の発生やペリー来航などの国難を何とかしようとして、同年、江戸幕府の意向で安政と改元が行われた。このころの地震活動の活発さを幕末の動乱にかけた『大地動乱の時代』（石橋克彦著、平成六年）という題名の書籍もある。東海地震の発生がないままに時間が過ぎている現在、二一世紀前半には次の東海・南海地震の発生、すなわち平成の「大地動乱の時代」への突入が懸念されるようになってきている。

そこで、まず宝永、安政、昭和の三期にわたる

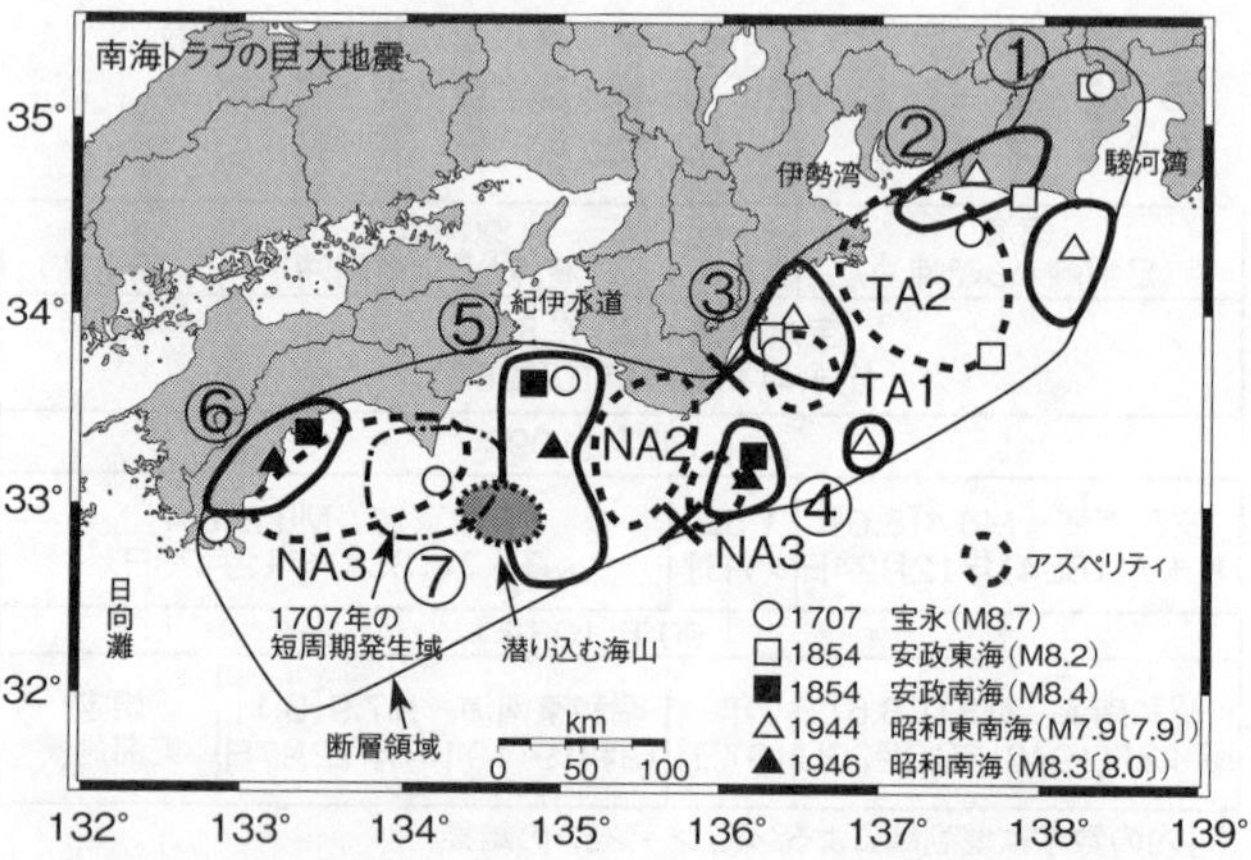

図16　東海・南海地震のアスペリティと短周期発生域（武村雅之・神田克久〔平成20年〕より転載）。Mは震度から推定したマグニチュードで、かっこ内は気象庁により発表されたマグニチュード

地震について、その震源の詳細をみてみることにしよう。これらの地震についても、図16に示すようにアスペリティと短周期発生域が求められている。駿河湾から四国沖にかけて、フィリピン海プレートの潜り込みにともなうプレート境界に断層のすべり面がある。そのなかの太い点線で囲まれた領域が、地震記録や津波の観測波形から求められる昭和の東南海地震と南海地震のアスペリティの位置である。

TAが東南海地震、NAが南海地震に対応する。破壊の開始点は二つの×印で示すようにいずれの地震も潮岬《しおのみさき》沖にあり、断層すべりは同じような場所から始まった。短周期発生域は宝永、安政、昭和のそれぞれに詳細な震度データがあるために、それらを解析して求めることができる。図には昭和の地震に対して求められる短周期発生域を太い実線で示し、ほかの地震も含めそれらの中心が記号を変えて記されている。短周期発生中心の分布をまとめると、①から⑦の地域に分かれる。

①は駿河湾の奥である。昭和の東南海地震は震源域が駿河湾におよんでいないので、もちろん短周期発生中心もない。②は遠州灘沖でTA2と書かれたアスペリティの破壊の終端部に位置する。③は熊野灘でTA1のアスペリティに対応する。ここまでが東海・東南海地震の領域である。次に南海地震の領域でみると、潮岬沖に④がある。宝永地震の場合には求められていないが、これは震度データが陸域にしかなく、宝永地震が東海・南海の全域を同時に破壊させたために、ほかの短周期発生域の影響で、④の影響が隠れてしまっているためであろう。

そして次が紀伊水道付近の⑤で、宝永や安政の際も昭和のときと同様に、潮岬のはるか沖合の×印から破壊が始まったとすれば、いずれもNA2のアスペリティの破壊の終端部に対応する。室戸《むろと》岬沖には、フィリピン海プレートの上にあった巨大な海山がそのまま潜り込んだ構造が知られている。昭和の南海地震の解析からは、その海山の残骸を避けるように破壊の伝播が四国の沿岸へ回り込んだといわれている。昭和のときは、海山の残骸がバリヤーのようになってすべりを阻止したというのである。

回り込んだ破壊の伝播は高知の沖でNA3のアスペリティをすべらせ、破壊の終端部がやはり短周期発生域となった。⑥がそれらに対応する。四国沖の短周期発生域は昭和と安政ではほぼ同じであるが、宝永地震のときは多少異なる。室戸岬に近いところに大きなエネルギーを出した短周期域が存在するのである。⑦とした一点鎖線で示す領域がそれにあたる。

先に、海山がバリヤーとなってプレート境界をロックしていると述べた。そのままの状況では、そのうちプレートが裂けたり潜り込みが止まったりすることになるが、宝永地震の際にその部分が切れてアスペリティとなり、⑦の位置から強い短周期地震波を出したのではないかと思われる。宝永地震は昭和や安政に比べ、四国の沿岸部などでの震度が大きく、また津波の波高も高かった。この海山に起因するアスペリティの影響ではないかと推定される。

平成大地震の震源予測

ここで話を、平成の「大地動乱の時代」に戻す。平成一五（二〇〇三）年に中央防災会議が出した想定によれば、東海、東南海、南海の三つの地震が同時に起こった場合、つまり宝永地震が再来した場合の被害は、最大で、死者二万四七〇〇人、全壊家屋九四万二〇〇〇棟、経済的な被害は実に八一兆円におよぶとされている。また、一方で東海側と南海側に分かれて地震が起こる方が深刻だという人もいる。その場合、過去の経験からは、東海側で地震が発生した後すぐに南海側で地震が発生すると予想されるが、それまでの間、社会活動全般がストップし、しかも〝すぐ〟が一日程度か、一年程度か、はたまたさらに長いのかがわからないとすれば、相当の社会的混乱が懸念されるからである。

先に述べたように、プレート境界の巨大地震は、毎回多くの共通点をもちながら繰り返しているとはいえ、完全に同じではない。このような違いは、従来のような過去の結果に基づく予測だけでは到底評価できない。次回起こる大地震の時期、規模、発生領域、そしてその破壊様式を予測できなければ、正確な強震動予測はもちろんできない。そこで、地震の原因に基づく予測が必要になる。

地震の原因はいうまでもなく地下に蓄積される歪《ひずみ》である。日々蓄積された歪を断層で解消するのが地震である。プレート境界の地震についていえば、プレートの沈み込みによってプレート境界近傍に歪が蓄積し、その歪がアスペリティに集中していくのが原因であるが、その過程をシミュレーションするためには、アスペリティやゆっくりすべり域でどのような摩擦力が働くかや、プレートを含む詳細な地下構造、さらにはプレートが沈み込む速さなどの情報が必要である。これらの情報は現状では十分とはいえないが、岩石実験のデータや海底の地下構造探査の結果、ＧＰＳの測量データなどを総動員してモデルを作り、計算する試みが複数の研究者によって行われている。

海洋研究開発機構の堀高峰もその一人で、宝永から安政、昭和の三代の地震の発生時期ならびに規模をシミュレーションした結果を発表している。表4の［ ］内の数字が堀によるシミュレーションの値である。一つ一つの値にはまだ相当の違いはあるが、たとえば、宝永、安政、昭和と時代が下ると、発生間隔が短くなり、発生する地震のマグニチュードも次第に小さくなること、また東海側で地震が発生してから南海側で地震が発生するまでの時間間隔が、宝永は同時であるが、次第に長くなることなど、おおまかな特徴がつかまえられていることがわかる。単なる過去の結果に基づく統計的な予測から、物理モデルによる本当の意味での震源の予測への第一歩を踏み出したといえる。

以上のように、海溝型地震については、地震の発生場所の特定やアスペリティの特定、さらには地震の原因となる歪がアスペリティに蓄積されていくしくみなどが次第に明らかとなり、強震動予測の前提となる正確な震源予測に関する条件が整いつつある。

3　地盤と揺れ

地震による強い揺れを規定するもう一つの要素は地盤である。地形も含めどのような地盤上にあるかで揺れの強さが大きく変わるのである。強震動予測に際しては、それらの影響をどのように評価するかも重要な課題である。まずは、震源の規模とそこからの距離だけでは決まらない揺れの話から始めることにしよう。

震源直上の奇怪

昭和四九（一九七四）年、伊豆半島の先端、石廊崎《いろうざき》付近で地震が発生した。伊豆半島沖地震（M六・九）である。この地震の際に、賀茂《かも》郡南伊豆町石廊崎の民家の裏庭にある火山角礫岩といわれる岩盤の壁に、三〇センチメートル余りの明瞭な断層のずれが現れた（図17）。断層は右横ずれだったため、当初は、ずれた面に断層の動きを示す線状痕さえみえた。このずれは、当然木造の民家の基礎をずらしたが、民家の被害はその部分に限られ、強い揺れによって建物全体が全壊するようなことはなかった。写真は一〇年以上が経過したときの様子である。民家は修理してそのまま使用されていた。

また平成七（一九九五）年の兵庫県南部地震の際、淡路島の西岸で野島断層として知られていた活断層に地表地震断層が現れ、民家の建物すれすれにずれが生じた。その跡は現在北《ほく》淡《だん》震災記念公園として整備され、地震直後の民家の台所の様子も再現されている。それをみて驚くのは、座りの悪い食器棚が倒れ、テーブルが多少回転しているが、掛け時計など壁にかけられたものやテレビや炊飯器、ポットなどは転倒していない。もちろん建物には大きな被害はなかった。これも先の石廊崎の例と同じである。

このような例は、今に始まったことではない。古い地震の被害調査報告書をみていると、地表地震断層が現れたすぐ際の民家にほとんど揺れによる被害がなかったという報告が意外に見つかる。昭和一八年の鳥取地震の際にもそのような報告がある。鳥取地震では鹿野《しかの》断層

図17　昭和49年伊豆半島沖地震の際に石廊崎で民家の裏庭の崖に現れた食い違い（昭和62年撮影）。撮影当時、民家は修理して使用されていた。10年以上を経過していたので食い違いの面にはすでに苔が生えていたが、当初は線状痕もみえたという

と吉岡断層と呼ばれる地表地震断層が出現した。そのうち鹿野断層では、気高《けたか》郡鹿野町（現在は鳥取市）付近を東西約八キロメートルにわたり、最大約一五〇センチメートルの右横ずれを生じた。たまたま断層が通過した民家は、断層のずれで下部は裂けたが上屋は倒れず、棚の上のものも落ちなかったという記録が残されている。地表地震断層はいわば震源断層の端にあたり、その近辺はまさに震源直上で、誰しももっとも強い揺れを予想するが、そうではない例が時々あるのである。

これに対して、兵庫県南部地震のときに、震源から遠く離れた京都盆地の西の端に位置する京都市西京区樫原《にしきょうくかたぎはら》では、多くの住家の屋根瓦や壁が落ちる被害が出たほか、全壊する住家まで現れた。また、関東地震のときも、震源から遠く離れた埼玉県東部地域で多くの被害が生じた。木造住家の被害から震度を推定すると7と判定される村もあったほどである。以上の現象は、いずれも地盤のいたずらとみるべきものである。

地盤とは

地盤が悪いから、地震のときによく揺れるなどとよくいわれる。先の京都盆地や埼玉県東部の例がそれにあたるが、地盤とは果たしてどの程度の深さまでのことをいうのだろうか。一般に地盤の底が接している地層を基盤という。したがってこの質問は基盤をどこに設定す

表5　地盤と基盤。V_sは目安となるS波速度

地層の種類	年代（以新）	Vs m/s（目安）	基盤	基盤の意味
沖積層	1万年	100		
洪積層	200万年	400	工学的基盤	大型建物の支持層
新第三紀層	2500万年	700	解放基盤	原子力発電所立地
古第三紀層	6500万年	1500		
中古生層または花崗岩		3000	地震基盤	通常3km/sで地盤の底

るかということと同じである。地表面から下に地盤を掘り下げていくと、さまざまな地層が出てくるが、それらは深くなるほど堅くなるのが一般的である。地層はある時代に降り積もった堆積物によってできた層（堆積層）で構成されており、古い時代に降り積もったものほど下になり、締め固められるからである。表5に、降り積もった年代別の地層を示す。地層の堅さは地震の揺れを論じる場合そこを伝わるS波（横波）の速度V_sで示す場合が多い。速度が速いほど堅い地層である。

このような地層のなかでどこに基盤を設定するかは、その目的に応じて決められる。表中には三種類の基盤が書かれている。まず、洪積層に設定されるのが工学的基盤である。高層ビルなど大型の建物の基礎はここまで下ろすのが一般的である。高層ビルがたくさん建っている東京でも、新宿などの山の手では、表土を少し剝げば洪積層が出てくるために、地表面がほぼ工学的基盤にあたる。このため高層ビルの基礎も

表土を剝いだ地表にそのまま設置されている。これに対して、東京湾の沿岸部では、埋立層も含めて沖積層が数十メートルに達する。このため工学的基盤である洪積層まで杭を打って高層ビルを建てている。

次に出てくるのが解放基盤と呼ばれる基盤である。主に原子力発電所で定義される基盤である。原子力発電所の原子炉建屋などは安全性を十分に確保する必要がある最重要構造物と位置づけられており、立地点は洪積地盤より、より堅く締まった第三紀層より古い地層に限定されている。このため設計に用いる地震動を定義する位置として、新第三紀以前の地盤でS波速度が七〇〇メートル毎秒以上の地層を解放基盤と呼んでいる。

以上の二つの定義は、建設する構造物を基にして決められた基盤であるが、地球の一般的な構造を考慮して定義されている基盤もある。地震基盤である。図14（一〇二ページ）で述べたように地球の最表層は地殻と呼ばれる球殻で覆われており、そのうち上半分は上部地殻である。上部地殻は一般に花崗岩でできており、S波速度はおよそ三キロメートル毎秒である。その上に速度の遅い堆積層が載っているのが普通だが、その厚さは地域によってまちまちであり、厚くても最大数キロメートルくらいで、上部地殻全体の厚さに比べるとかなり薄い。このためS波速度が三キロメートル毎秒相当の層を地震基盤と呼び、それより浅い部分を地盤と定義することがある。

次に地震波が地盤で増幅されるしくみを考える。地震波の増幅には、伝播する波の速度が大きくかかわっている。たとえばS波速度が三キロメートル毎秒の地震基盤から、その上の一・五キロメートル毎秒の地盤にS波が透過したとする。基盤でのエネルギーが保存されて、地震波が境界を通過したとすると、エネルギーが蓄えられる範囲は、速度が遅くなる分半分になる。このため、その分振幅が大きくなり、増幅されるのである。伸びた蛇腹が縮められた状況を連想すればわかりやすい。地震波は地層間の速度のコントラストが大きいほど増幅されることになる。基盤の揺れを基準にすれば、地盤が柔らかいほど揺れが大きくなるのはこのためである。

地盤による地震波の増幅を左右するもう一つの要因は減衰である。たとえば、地盤が緩く堆積した層でできている場合、地震波の速度は低下するが、地盤を構成する粒子の結びつきが弱く、揺れによって粒子間に摩擦が生じるなどして地震波のエネルギーが消費され、逆に振幅が減少することがある。このように、地盤を構成する物質の挙動によって地震波の振幅が減る効果を総称して減衰と呼んでいる。地震の際によく話題になる砂地盤の液状化現象も減衰を大きくする。減衰の要因についてはさまざまあり、すべてがわかっているわけではない。一般に軟弱な埋立地盤などでは減衰が大きく、揺れがかえって弱くなることがある。ただし軟弱な地盤では、揺れが収まった後でも地盤が元に戻らず、不同沈下や亀裂などが生じ、それらによる建物等への影響は避けられない。

神戸の揺れ

平成七（一九九五）年に兵庫県南部地震が発生し、地震発生直後から現地に入った私は、神戸・芦屋・西宮地域の被害の様子や墓石の転倒率をくまなく調査した。そのとき、被害の凄さへの驚きもさることながら、被害の大きい地域のすぐ脇にほとんど被害を受けていない地域があるのに驚いた。

大阪湾に面する神戸・芦屋・西宮地域は、海岸線から北に向かって五キロメートルも歩くと、どこでも道は急な上り坂となり、御影石《みかげいし》と呼ばれる花崗岩《かこうがん》でできた六甲山地に入る。その際に六甲断層帯と呼ばれる一連の活断層がある。図18の上側に地図を示す。細い線が六甲断層帯の活断層である。今回の地震では、淡路島の野島断層のように地表地震断層は出現しなかったが、調査した墓石の転倒率γをみると、六甲山地の縁から南側の海岸に向かって約二・五キロメートルまで転倒率γが八〇％以上と高く、地震による揺れが強かったことを物語っていた。住家が多数全壊して多くの死者を出し、気象庁が震度7と判定した地域である。震度7の範囲は図で黒く塗った地域で、地震発生当初より〝震災の帯〟といわれていた。

一方、断層を挟み北側の六甲山地では急激に転倒率が下がる。たとえば、神戸市東灘区《ひがしなだく》御

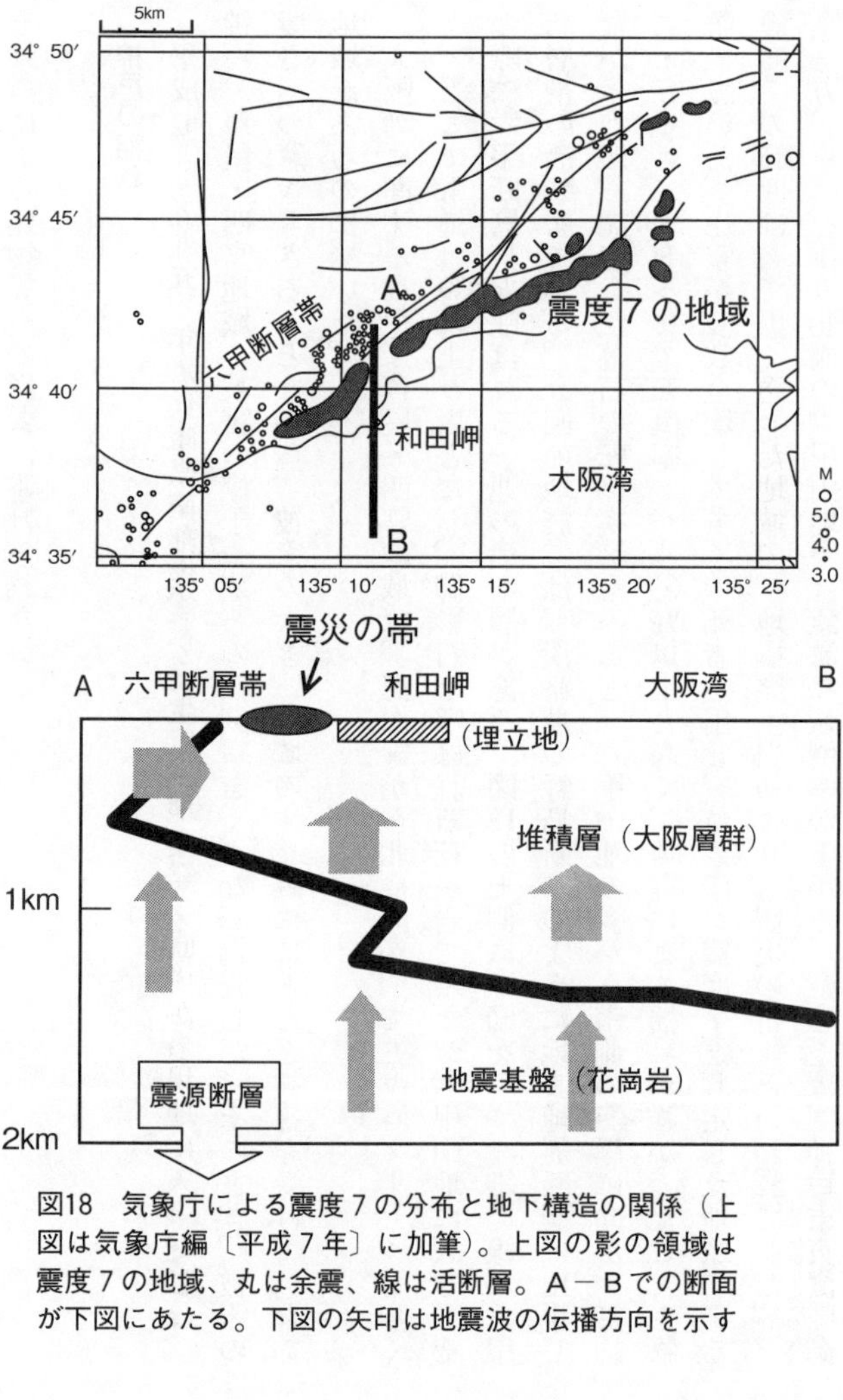

図18　気象庁による震度７の分布と地下構造の関係（上図は気象庁編〔平成７年〕に加筆)。上図の影の領域は震度７の地域、丸は余震、線は活断層。A－Bでの断面が下図にあたる。下図の矢印は地震波の伝播方向を示す

影山手《かげやまて》の御影霊園や兵庫区天王町《てんのう》の石井墓地など、ほとんど墓石が転倒していない所もあった。調査の際、高台にある石井墓地の近くに住む主婦が、すずしい顔をして「下の方は大変そうですね」といっていたのが印象的であった。このように、地震の際に揺れにくいのは、この地域に花崗岩が露出していて、地震波をあまり増幅させないためである。表5と対応させると地震基盤が露出している地域と考えてよい。

一方、大阪湾に沿っては、逆に柔らかい土で覆われた埋立地が広がっている。この地域でも墓石の転倒率γは四〇%以下に下がっていた。先に述べたように、柔らかい地盤が地震波のエネルギーを吸収して、かえって揺れを減衰させる効果があったのではないかと考えられる。ただし、柔らかい地盤は地震の際に沈んだり、横に動いたりするため、道路に亀裂が生じたり、橋が落ちたり、港の岸壁が壊れたりといった被害が多数みられた。

この地域の地盤は六甲山に平行に同じような構造が続いている。図18の下側に、A－Bの線で切ったときの、深さ二キロメートルくらいまでの地盤の断面図を例として示す。六甲断層より海側は、大阪層群と呼ばれる堆積層に覆われているが、大阪層群は新第三紀から洪積世（最近は更新世と呼ぶ）にかけての堆積層の総称で上に行くほど柔らかくなる。さらに海岸付近、たとえばポートアイランドを例にとれば、その上に二〇メートル程度の沖積層、さらには二〇メートル程度の柔らかい埋立土砂の層がある。一方、地震基盤である花崗岩の地層は、六甲断層帯を挟んで海に向かって一気に一〇〇〇メートル以上も落ち込み、大きな段差構造を示している。今回の地震では地表まで断層が達しなかったが、六甲断層帯の活動によってできた構造である。〝震災の帯〟は、ちょうど埋立地と六甲山の花崗岩の露出地帯との間に出現した。

〝震災の帯〟の原因

〝震災の帯〟という呼び名は、当時東大地震研究所の嶋本利彦氏によったと記憶している。地震直後に、現地調査をしながら新聞でそれをみたとき、実に的を射た表現だと思った。言葉どおり神戸から西宮にかけて、被害の大きい地域は、東西に帯状につらなっていたからだ。〝震災の帯〟での被害がまわりに比べてあまりに大きかったために、地震発生直後は、その下に震源断層が延び、伏在する断層が隠れているのではないかといわれた。震源に近いほど揺れが強いと思った結果である。ところが不思議なことに震源断層で起こっているはずの余震の分布の中心は〝震災の帯〟をはずれ、それより北側の六甲断層帯と重なっていた。図18の上側の図には、気象庁による余震の震源の位置が規模に応じた丸印で書かれている。つまり、余震分布からは震源断層が六甲断層帯の真下にあると考える方がよいことになる。また、その後の地震記録の解析などから、強い地震波を出した部分は深さ一〇〜二〇キロメートルの比較的深い場所にあることもわかってきた。

その結果、〝震災の帯〟は、地震基盤が段差状に食い違う地盤構造の影響ではないかと考えられるようになった。図18の下側に示すような地盤構造をモデル化して、地震基盤の下から地震波が入るような条件で数値計算すると、〝震災の帯〟での強い揺れには、その直下の地盤による増幅作用だけでなく、地震基盤の段差から新たに生まれた地震波の影響も加わっていることがわかってきた。図18の下側の図を使って説明すると以下のとおりである。

神戸では、震源断層で強い地震波を出した部分は比較的深部にあり、そこから出た地震波が段差のある地震基盤に下から入射する。その際、〝震災の帯〟となった地点には主に二つの経路から地震波が到達する。一つは上向きの矢印が示すような、大阪層群中を下から上に伝わる波動である。大阪層群は花崗岩に比べ柔らかいので、地震基盤を通過する過程で地震波は大きく増幅される。これに対しもう一つは、段差の縁に沿って花崗岩のなかを地表まで伝わった波が縁から新しい地震波を生み出し、それが右横向きの矢印のように大阪層群中を伝わる経路である。震度7を記録した〝震災の帯〟付近で、二つの経路を伝わる波の到達時刻が一致し地震波が重なってさらに揺れを大きくしたのである。図のように地震基盤に一・五キロメートル程度の段差のある地盤構造を考えると、〝震災の帯〟で卓越する地震波の周期は一〜二秒程度となり、観測記録ともよく一致する。

計算の条件によって多少異なるが、地震基盤から入射する地震波の振幅を一とすると、大阪層群を下から伝わる波の振幅はほぼ二倍になり、段差の縁から生じる波の影響で〝震災の帯〟ではさらに一・五倍加算され、両者を合わせると地震基盤に入射する地震波の三倍くらいの大きな揺れになることがわかった。

地震基盤の段差から出る地震波は、ちょうど水を入れたバケツの底をたたいたとき、バケツの縁から中心に向かって出る波とよく似ている。バケツが花崗岩の基盤、水が大阪層群に対応すると考えればよい。この種の波が最近さらに注目を集めている。

長周期地震動

平成一五（二〇〇三）年九月二六日、北海道の十勝沖でM八・〇の地震が発生した。このとき震源から二〇〇キロメートル以上も離れた苫小牧《とまこまい》の出光興産北海道製油所で石油タンクの火災があった。周期が五〜一〇秒もの長周期の地震動が長時間卓越して、タンクのなかに入っていた油を共振させるスロッシングという現象が起こり、タンクの浮き蓋と側壁が接触して火花が発生し、油に引火したのが原因であった。

また翌一六年一〇月二三日の新潟県中越地震（M六・八）では、震源から二〇〇キロメートルも離れた東京でエレベータに関する事故があった。港区六本木の五四階建ての高層ビル、

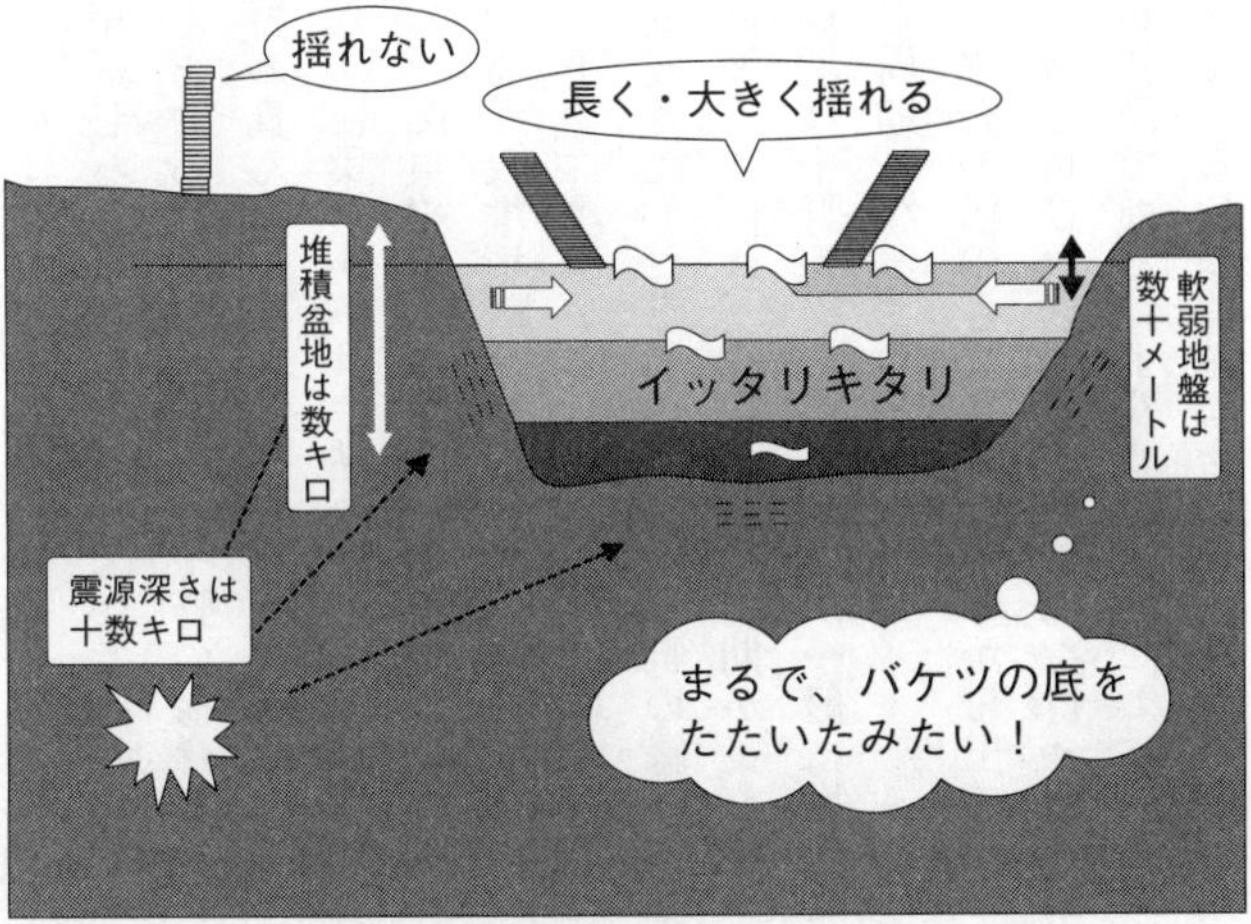

図19　平野での長周期地震動の発生のしくみ

六本木ヒルズでのことである。震度は3程度でそれほどでもなかったので、地震の揺れを感知してエレベータを緊急停止させる装置が働かないエレベータがあり、そのまま運転を続けたために、機器が損傷したりワイヤーが絡まったりする事故が発生した。なかにはワイヤーの一部が切断したものもあった。また震源に近い新潟県ではほとんどなかったエレベータの閉じ込め事故が、首都圏では一〇件ほども発生した。これらの被害の原因はいずれも長周期地震動によるものである。なお、六本木ヒルズではその後、長周期地震動にも対応できる装置を導入し、平成一九年七月一六日の新潟県中越沖地震（M六・八）の際には、無事エレベータが緊急停止して事故は発生しなかった。

このような長周期地震動の発生のしくみは、兵庫県南部地震の〝震災の帯〟のできかたと相通じるところがある。図19でそのしくみを説明する。日本地図を見て普通緑色に塗ってあるところが平野である。平野の縁は多かれ少なかれ神戸の例で説明したように地震基盤が平野の真んなかに向かって急激に落ち込み、すり鉢状になっている。言い換えれば、すり鉢のなかに柔らかい砂や粘土からできた堆積層が厚く積もって平坦な土地を造ったのが平野である。関東平野では深いところで三〜四キロメートル、大阪平野では一〜二キロメートルものような堆積層が積もっている。

そこに震源から伝わってきた地震波が入ると、先に説明したように、水を入れたバケツの底をたたいたときのように平野の縁から地震波が出る。この地震波は地表面を伝わるため表面波と呼ばれ、速度が遅く周期が長くゆったりとした成分を多くもつ特徴がある。卓越する周期は平野の構造にもよるが一般に堆積層が厚いほど長く、関東平野では五〜一〇秒くらいの周期になる。

平野の縁のさまざまな部分から出るだけでなく、周期が長いために平野のなかで減衰せずに縁で再び反射して、平野内を行ったり来たりする。このため揺れの継続時間が長くなるのが特徴である。よく軟弱地盤により生まれる地震波と勘違いされるが、沖積層や埋立層でできている軟弱地盤はせいぜい厚さが数十メートルであり、ここでいう長周期地震動の発生源

新潟県中越地震（M6.8）：観測速度波形

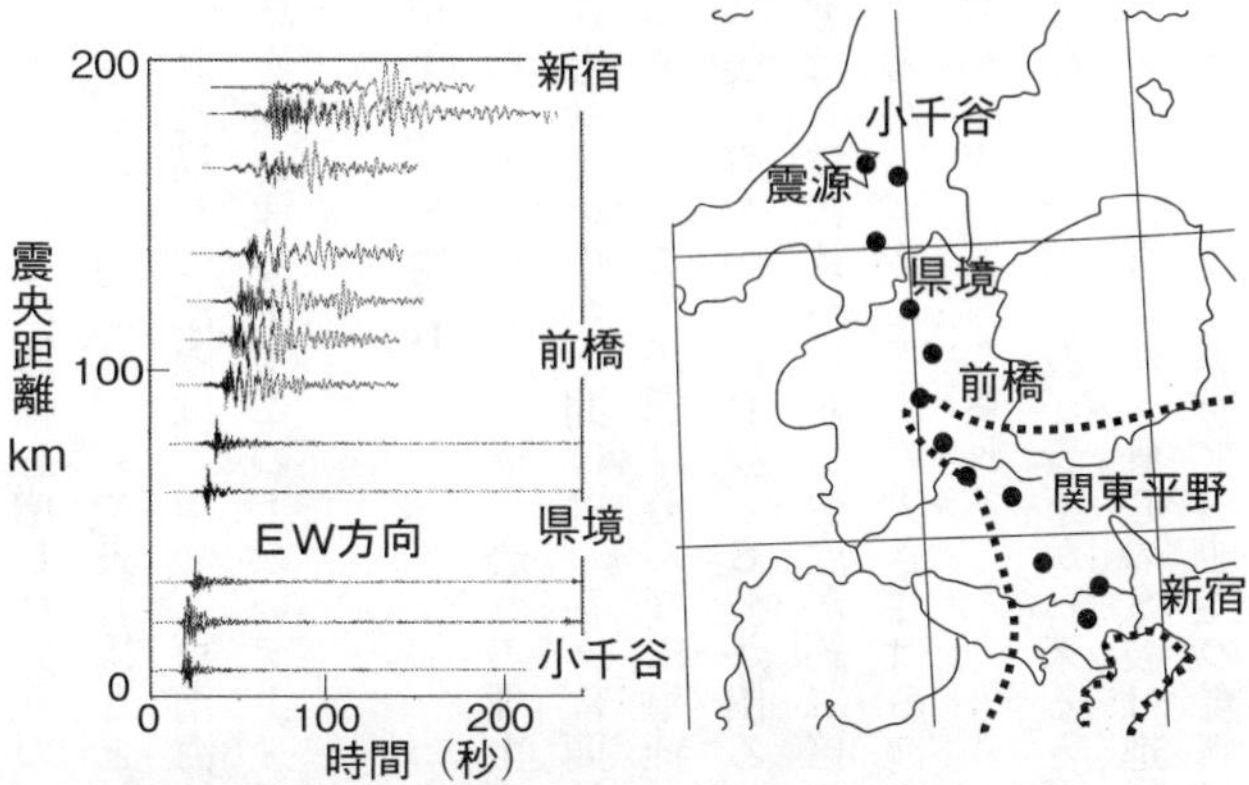

図20　新潟県中越地震の新潟－東京間の観測波形

とは直接関係がない。

冒頭、話題に出した新潟県中越地震の際に、震源に近い新潟県の小千谷《おぢや》から東京の新宿に至る線上で観測された地震波を並べたのが図20である。関東平野に入る群馬県の前橋付近から、観測記録に周期の長い後続波が現れ、次第に地震動の継続時間が長くなり、東京では約三分もの長さの揺れになっていることがわかる。これが東京でエレベータにトラブルを発生させた揺れの正体である。

平成一六（二〇〇四）年九月五日には、東海道沖でM七・四の地震が発生した。このときに東京で観測された長周期地震動のなかには、継続時間が実に一〇分になったものもあった。東海道沖では今後、東海地震や東南海地震などM八を超える巨大地震の発生が懸念されている。

その際にはさらに振幅を増した揺れの到来が予想される。首都圏には超高層ビル、免震構造物、さらには石油タンクや長大橋など長周期地震動の影響を受けやすい構造物が多数ある。得られた揺れの記録は、東海、東南海地震に対し首都圏に到来する長周期地震動を予測し、対応を検討する上でこの上ないデータである。

直下地震と縦揺れ

一般の人々が直下地震を恐れる理由の一つに、縦揺れが強いからということがある。縦揺れがなぜ強いのかと聞けば、答えは簡単。地震波が真下から伝わって来るからと思っている人が多い。ところが話はそんなに単純なものではない。

地震の震源からはP波とS波が出る。先に述べたようにP波は縦波、S波は横波である。P波はS波に比べ伝わる速度が約二倍ほど速く、その分観測地点に早く到達し初期微動を形成するが、エネルギーの大きさはS波の方が断然大きい。このため揺れによる被害は、主にS波が原因だと考えられる。

このような地震波が真下から来るとどうなるだろうか？　P波は進行方向に振動するので上下の揺れになるが、肝心のS波は進行方向に対し直角方向に振動するため、縦に揺れる成分はない。ところが通常の地震の観測記録をみると、確かに揺れ始めはP波により縦揺れが

図21　富岡観測所の様子（昭和58年撮影）。右奥が観測小屋、手前の二つの建物が地下950メートルと地下660メートルの地震計に繋がるケーブルを巻くドラム小屋。ケーブルドラムは右上に示す

それなりに大きいが、実際にはS波が到着して横揺れが大きくなってからも、縦揺れはなくなるどころか、さらに大きくなるのが普通である。

このなぞを解く鍵は、地盤を突き抜けて地震基盤にまで達するほどの深さまで地震計を並べた、鉛直アレー観測によって得られた。電力共通研究により電力会社の出資ですすめられた福島県富岡町での地震観測である。図21に観測小屋の様子を示す。ここでは、地震基盤中の九五〇メートルを最深点とし、六六〇メートル、二五一メートル、一〇〇メートル、地表と鉛直方向に強震計を並べて地盤内をどのように地震波が伝わるか

が調べられた。昭和五七（一九八二）年八月から開始され、世界にも類をみない観測で、三〇年近く経った今も続いている。

地震基盤と地盤の境界は八五〇メートル付近にあり、そこでのS波速度は約三キロメートル毎秒から一・五キロメートル毎秒に急激に変化する。強震記録の解析から、最深点の九五〇メートルのところにS波が下から多少傾いて入射すると、水平成分（横揺れ）には、六六〇メートル、二五一メートル、一〇〇メートル、地表へとS波がゆっくりと上昇し、さらに地表で反射される様子が認められる。これに対し上下成分（縦揺れ）では、六六〇メートルから九五〇メートルではみられなかった速度の速い波が現れ、二五一メートル、一〇〇メートル、地表へと上昇してゆく様子が確認された。その波は伝わる速度からP波であることがわかった。つまり速度のコントラストが強い八五〇メートル付近の地震基盤と地盤の境界をS波が通過するとき、S波のエネルギーの一部がP波に変わったものである。初期微動が終わり横揺れが大きくなるころに縦揺れも大きくなる原因は、このように地震基盤と地盤との境界でS波から変換されたP波によることが多い。

ただし上下方向の揺れの最大値は、たとえ直下地震でも、水平動の大きさを超えることは少ない。地下水位が高いなど特殊な地盤上を除き、一般には水平動の半分強というのが相場である。大地震のときに我々が感じる上下動の強さは、本来の上下動に加え、水平動によっても起こる物体のロッキング運動や落下運動を感じるためかもしれない。そもそも人間は水平方向の動きよりも上下方向の動きに敏感だということを聞いた憶えもある。そこで、兵庫県南部地震のとき実際に揺れを体験した人々の手記を読んでみた。膨大な数の手記が出版されていて、すべてを読んだわけではないが、激しい上下動のみを強調したものは意外に少ないようである。直下地震の上下動を恐れているのは体験していない人に多いのかもしれない。

揺れの尺度と被害

揺れの強さを測る尺度として最初に登場したのは震度であった。先に述べたように、震度は揺れの強さのランク分けであって物理量ではないが、被害状況をもとにしているので、被害との相関はよい。地震の揺れに関する物理量が計測されると、被害を予想する意味からも、震度と物理量との関係が重要になる。大森房吉が水平震度をもとに絶対震度階を提案し、震度を加速度で表現しようとしたのは先駆的な試みであった。一方、地震計で観測した揺れの記録との関係では、東大地震研究所の河角廣による最大加速度値ａの関係と岐阜大学の村松《むらまつ》郁栄《いくえい》（一九二三〜）による最大速度値ｖとの関係が有名である。河角の関係式は以下のようである。

$$I_k = 2 \times \log a + 1.2$$

最大加速度値aの単位はgal、震度は河角の関係に対応しているという意味でkを付けI_kとした。ただしこの式は震度IとI-1との境界を示す加速度aに対応するもので、震度を連続量として加速度aに対応させるときは定数項から〇・五を引き〇・七とする。

村松の関係式は以下のようである。

$I_m = 2 \times \log v + 2.8$

最大速度値vの単位はセンチメートル毎秒で、震度階には村松の意味でmを付けI_mとした。またvは、震度IとI-1との境界を示す最大速度に対応する。

工学では古くから水平震度が設計に用いられてきたことから、加速度が重要視される傾向があり、その分河角の関係式の方が有名であるが、一方でそんな加速度重視の風潮が混乱を招くことがある。一言でいえば、加速度が大きいのになぜ被害が出ないのかという疑問である。

たとえば平成一五（二〇〇三）年五月二六日の宮城県沖の地震（M七・一）はその典型で、震源の直上の地点では、優に一〇〇〇galを超える加速度が観測されているのに、構造物にほとんど大きな被害が出なかった。地震による揺れは、さまざまな周期の成分を含み、短周期の小刻みな揺れもあれば、長周期のゆったりした揺れもある。普通、小刻みな揺れによって加速度値が大きくなりやすく、被害をよく出すように思われがちである。なるほど、小刻みに揺れると建物を片側に押す力は強いが、すぐにまた押す力が反対側に回るために、建物は大きく揺らされることはない。これに対し、ゆったりとした揺れは片側へ押している時間が長い分建物は大きくひしゃげる。けれども、あまりゆったりしていると全体が同じ方向に移動するだけで、建物はひしゃげることなく被害も出なくなる。

小刻みな揺れの強さを表す指標を最大加速度値a、ゆったりとした揺れの強さを表す指標を最大速度値vとして、両方の要素を取り入れるように、先の二つの式を足して二で割ってみたのが以下の式である。ただし、ここでの話は先に述べたような長周期地震動ほど周期が長いところの話ではなく、せいぜい周期が一～二秒より短いところの話であることに注意してほしい。

$$I = (I_k + I_m)/2 = \log av + 2.0$$

この式をみて驚いたのは、定数項を含めとてもきれいな形になることである。まるで河角と村松の二つの式は、もとから合体することを意図して作られていたかのようである。たとえば、一〇〇〇gal×一〇〇cm毎秒の常用対数は〝5〟。二を足して、震度〝7〟の下限を与えることがわかるという寸法である。後でわかったことであるが、気象庁が発表している計測震度の計算方式と右の式は、ほぼ整合関係にある。

この式を用いて、先の宮城県沖の地震の疑問を解くために図22を作成した。横軸にv（セ

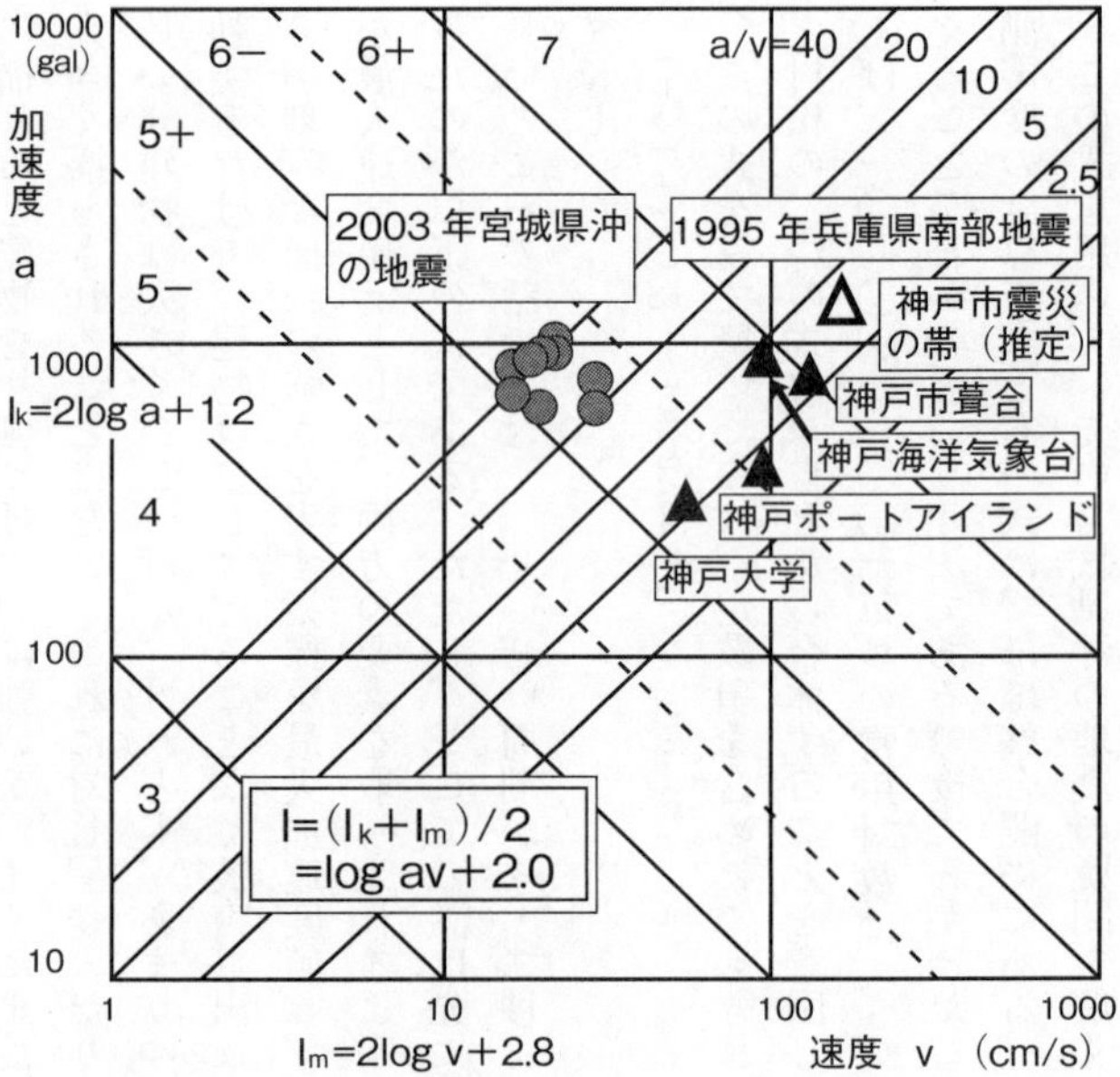

図22　震度と加速度、速度の関係

ンチメートル毎秒)、縦軸にa(gal)を取りそれぞれ〝対数〟で表示されている。図には震度の領域も示されている。いうまでもなく、震度が大きければ被害は出るし、小さければ被害はない。

宮城県沖の地震とは反対に大きな被害を出した兵庫県南部地震の強震記録のaとvも図に描いてみた(三角印)。神戸市内では、いくつかの地点で強震記録が観測されていた。〝震災の帯〟として有名になった被害の甚大な地域を中心に、山側の六甲山地でほとんど被害のなかった地域、海側の埋立地で地盤の液状化などによって被害が出たが、揺れによる建物の被害が比較的少なかった地域などである。

図から、葺合や海洋気象台は〝震災の帯〟の縁に位置するし、震度7と6強の境目付近であることがわかる。残念ながら〝震災の帯〟のなかでは観測記録は得られなかったので、白抜きで計算された波形からの推定値を示す。値は震度7となる。神戸大学は山側のほとんど被害のない地域、ポートアイランドは海側の埋立地に属し、それぞれ震度6弱ないし、6強との境目に対応する。地盤の液状化によって揺れの小刻みな成分が相対的に少なくなったポートアイランドの記録は、ややaとvの比が小さく五以下である。これに対しほかの記録は震度の大小にかかわらずa/vは五と一〇の間に位置することがわかる。

これに対し、宮城県沖の地震の震央付近で観測された記録を黒丸で描いてみると、水平方向の加速度がほぼ重力の加速度と同じ一〇〇〇gal近くもある。これらは兵庫県南部地震の葺合や海洋気象台の値に匹敵する。ところが速度は、それらの約四分の一でa/v比が二〇〜四〇と非常に高い値を示すことがわかる。おかげで震度は、神戸大学なみの6弱となり、重大な被害を出すには至らなかったことが説明できる。

以上のように、地震計で観測された加速度値だけで被害を論じると「加速度が大きいのになぜ被害が出ないのか?」という例の疑問に行き当たる。工学でいう加速度値の元は墓石によって定義された水平震度である。水平震度はゆっくり一方向に力をかけ続けたときを想定している。小刻みな揺れになるほど往復運動が激しくなり、対応する最大加速度値でも墓石の竿石は倒れにくくなる。倒れそうになると反対方向に力が働くからである。つまり、水平震度から求められる加速度値は、もともとゆったりした揺れをある程度選択するようになっていたということができる。墓石から評価される水平震度の値は、揺れの最大加速度値という視点からみた場合には厳密さを欠いているが、地震の揺れによる被害という視点からみれば、それなりに合理的な指標になっているのである。

4　現状と課題

以上のように、地震の性質は以前に比べてよくわかってきたし、揺れに対する震源や地盤の影響も明らかになってきた。そのようななかで強震動予測の現状と課題を整理してみよう。

強震動予測の手順を簡単にいえば、①対象とする地震を想定する、②その地震に対して震源モデルを構築する、③揺れを予測する地点の地盤を含む、震源から予測地点までの地下構造をモデル化する、④以上のモデルにしたがい、数値計算によって強震動を計算する、の四つの過程から成り立っている。どの一つの過程が達成できなくても対象地点の揺れは予測できない。

強震動シミュレーション

強震動のシミュレーションとは、すでに起こった過去の地震による揺れの再現を指す場合が多い。シミュレーションに用いる計算手法の概要や再現例については、山中浩明ほか『地震の揺れを科学する』（平成一八年）にわかりやすくまとめられている。このためここでは、手法についての細かな説明はしないが、過去に起こった地震を対象にした途端に、強震動予測の①と②の過程は不必要になる。このため難易度はかなり下がる。それでも③の地下構造のモデル化は必要で、精度よく過去を再現するためには、地下構造に関する相当な情報が必要である。揺れを予測する地点で、対象となる地震の震源近傍で発生した中小地震の記録があれば、地下構造モデルの検証に使えたり、また計算手法によっては地下構造モデルの代用になったりすることもある。長年にわたる地震観測結果の蓄積も同時に必要である。

『地震の揺れを科学する』では、大正一二（一九二三）年の関東地震と平成七（一九九五）年の兵庫県南部地震の強震動のシミュレーションを取り上げている。地下構造に関していえば、関東平野ならびにその周辺では長年の地下構造探査の結果の蓄積があり、また神戸周辺を含む大阪平野についても、兵庫県南部地震後に精力的な地下探査が行われて十分なデータが得られている。いずれも地震が起こってから調査が行われた結果である。過去の再現ならそれでもいいが、予測という意味からすれば地震が起こる前からの準備が必要である。そのような観点から、地震調査研究推進本部は、平成一〇年度から平成一六年度まで地震関係基礎調査交付金を地方公共団体に交付し、主要な堆積平野の地下構造調査を実施した。

さらに予測という立場に立てば、①や②の過程、すなわち震源の想定を避けて通ることはできない。地下構造がわかり、すでに明らかになっている過去の地震の震源モデルを用いて、揺れを再現できるようになっただけでは、揺れの計算技術が進歩したということにしかならず、強震動予測とはいえないからである。予測結果を受け取る側からいえば、地震はどの程度同じように繰り返すか？　防災上対象とすべき地震の震源がすべて特定できているか？　などは切実な問題である。

地震の繰り返しと予測

地震の繰り返しに関する知識の現状は、先に述べたように海溝型地震と内陸型地震で大きく異なっている。海溝型地震にはアスペリティモデルが成り立つ。このため過去に発生した地震に対する解析からアスペリティや短周期発生域がわかると、将来起こるであろう地震の想定はもちろん、その地震の震源モデル、たとえばアスペリティの想定や破壊開始点の設定もある程度できるようになってきた。また、地震の原因となる歪の蓄積過程から地震の繰り返しのシミュレーションに成功すれば、単なる過去の結果に基づく統計的な予測ではどうすることもできない予測モデルのばらつきも、ある程度減らすことができる可能性もみえてきた。

これに対して、内陸型地震に対しての事情は大きく異なっている。たとえば、兵庫県南部地震など過去に起こった地震に対する記録の解析から、断層面のすべりは一様ではなく、すべりが大きい部分が存在することがわかってきたが、海溝型地震のアスペリティのように、同じ断層で次に地震が起こる際に同じようにすべりが起こるかどうかはわからない。海溝型地震では地震の前にゆっくりすべり域がすべるが、内陸型地震にはそのような部分の存在は知られていない。もし同じ場所が常に大きくすべるとすれば、すべらない部分との間はどのようになってゆくのだろうか。地震にならない陸地の変形との関係など、未解明の大きな課題が残されている。

またたとえ再来時に同じようにすべりが繰り返すとしても、再来期間が長い内陸型地震では、断層面のすべり分布がわかっている最近の地震の結果は事実上参考にならない。そのような地震の再来は一〇〇〇年以上先の話で、当面予測の対象にする必要がない地震だからである。したがって通常、活断層から震源断層がある程度特定されたとしても、次に地震が起こる際に、断層面のどこが大きくすべるかの情報を得ることは難しい。その点は揺れの予測にとっての大きな不確定要因となっている。同時に、予測された震源断層が、隣に予測されているものと一つの地震として連動するかしないかも、震源モデルを構築する際のもう一つの不確定要因である。

過去に発生した複数の地震の解析結果から地震のスケーリング則（九九ページ）を求め、それをベースに経験的に震源モデルを決める〝レシピ〟と呼ばれる強震動予測の手順書が提案されている（地震調査研究推進本部編『「全国を概観した地震動予測地図」報告書』平成一九年）。活断層のデータがある場合に、誰でも震源断層のモデルを構築できるようにするのが〝レシピ〟の目的である。レシピとは料理の調理法のようにという意味で名付けられたもので、レシピによって煩雑な震源モデルの設定の過程がわかりやすくなり、強震動予測が地震学の専門家以外にも広がった。ただ、レシピが作られても、内陸型地震の震源の理解が進んだわけではない。おそらくレシピのなかのレシピらしくない部分がそれを物語っている。

震源を特定できない地震

海溝型地震では北海道から九州に至るまで、過去に起こったM七・五クラス以上の地震の震源がずらっとならび、それらの地震のほとんどでアスペリティの評価がなされている。このためそれらの地震による揺れを計算すれば、より小規模の地震が防災上問題になることはきわめて少ない。

一方、内陸型地震ではこの点についても状況が多少異なっている。内陸型地震は内陸直下でしかもごく浅いところに震源があるため、震源の規模が小さくてもその直上では無視できない被害が生じることがある。つまり、活断層の情報をもとに特定された震源断層について強震動予測をしても、それ以外に、被害を与える震源断層が存在するということがある。

具体的には、内陸型地震の発生域は上部地殻に限られるために、図14（二〇二ページ）で説明したようにMが六・五以上になるとそろそろ震源断層が地表に顔を出し、Mが六・八を超えるとなんらかの疵《きず》が地表地震断層として確認できると考えるのが一般的である。

ところが、なかにはM七クラスでも地表地震断層がはっきりとは現れなかったという報告もある。活断層情報で、どこまで小さな規模の地震の震源まで特定できるかという疑問に答えるための一つの目安が、前述のような一度の地震による地表地震断層の出現の有無であることは否定しない。しかしながらそれだけでは、到底問題の答えには到達できない。大事な点は、活断層など過去の内陸型地震が残した地形への痕跡や地下構造調査から震源断層を推定する技術の確立である。はっきりとした活断層についての研究は数多く行われているが、震源を特定できない地震の観点から活断層や地形を研究する例はきわめて少ない。活断層研究の成果を強震動予測に生かすためには、同時に、震源が特定できない地震の最大規模の評価とそれによる強震動レベルを推定することが一つの大きな課題である。

以上のように、現在の強震動予測技術には、特に震源の想定に関して完全に解決できていない問題点がある。新聞やマスコミに先端技術として華々しく取り上げられる際には、そのような点についての言及はあまりないが、未解決な部分をどのような方法で補うかが社会に役立つかどうかの大きなポイントである。

地震予知は難しい、これからは強震動予測に重点を置くべきだと考えている人もいるようである。地震予知はいうまでもなく、どのくらいの規模の地震がいつどこで起こるかを事前に予測することである。強震動予測において地震を想定する過程は、地震予知のうちのどこでどのくらいの規模の地震が起こるかと一致し、場合によってはその地震の起こる可能性についての言及も避けられないとすれば、〝いつ〟の予測からも完全に解放されているわけではない。そのように考えると、強震動予測の一部に地震予知の多くの部分が含まれていることになる。地震予知を直前予知に限ると理解できないわけではないが、それでも、地震予知はできないが、強震動予測はできるという考えを手放しで認めることはできない。

強震動予測はまだまだ一般的に普及できる段階の技術ではない。高度な専門知識のもとで実施されるべきものである。活用の対象にもよるが、予測がはずれた場合のバックアップシステムの構築も必要である。単なる作業仮説に基づく注意喚起に終わることなく、責任のもてる定量的な評価をめざすべきである。さもなくば、かえって社会的損失をもたらす危険性がある。

自然現象を相手にしている以上、すべてがわかることはない。地震予知であれ強震動予測であれ、現状の知識の到達点をわきまえて、未解決な部分を補う方策をさまざまな人々の協力によって考えてゆくことが重要である。そのためにも地震学には、単なる地球物理学の一分野に留まることなく、専門の垣根を取り払った総合科学としての発展が求められているのである。

第四章　地震災害を防ぐ

1　地震に強い家の条件

平成七（一九九五）年の阪神・淡路大震災での直接の死者約五五〇〇人のうち、八〇％以上が建物の倒壊によるといわれている。第一章で述べたように大正一二（一九二三）年の関東大震災での火災も、建物の倒壊と密接に関連している。住む家を強くすることが地震災害を軽減するもっとも有効な手段である。そのような指摘は今に始まったわけではない。

関谷清景は、明治二三（一八九〇）年に「地震および建築」という論文を『東洋学芸雑誌』第七巻第一〇〇号に載せ、次のように述べている。

「地震の現象を研究しその結果を人世に応用するに二途あり、其《そ》の一は発震の期を前知し預《あらかじ》め之《これ》を世人に報告し其《そ》の災いを避けしむるの法にして現に行わるる天気予報に等しきもの是なり、其《そ》の二は之《これ》が防御を謀《つかさど》るにありて即ち家屋の建築をして善く震動に耐抗せしむるにあり」

翌明治二四年には濃尾地震が発生し、それを機にその翌年、震災予防調査会が発足して、この二つが国家目標となった。今村明恒が『地震学』の冒頭で、地震学の講究範囲として、地震予知法と耐震構造法を地震学における二大問題と指摘する一五年も前のことである。前章で述べたように、強震動予測にも地震予知にも地震の震源に関する理解が欠かせないとすれば、この二大問題は、震源の予測と耐震設計という形で今日においても大きな課題である。

地震荷重

この二つの目標を達成すべく研究を進めようとすると、ちょっと困った問題に行き当たる。それは、震源の予測と耐震設計が、地震による揺れを介して不可分の関係にあるというところから生じる。図23はそのことの説明図である。左側の図は、実際に起こっていること。つまり地震の震源から地震波が発生し、それが伝播してきて地面が揺れる——これが地震動である。地震動に建物が応答して揺れ、それによって建物に力がかかる。これを地震力という。

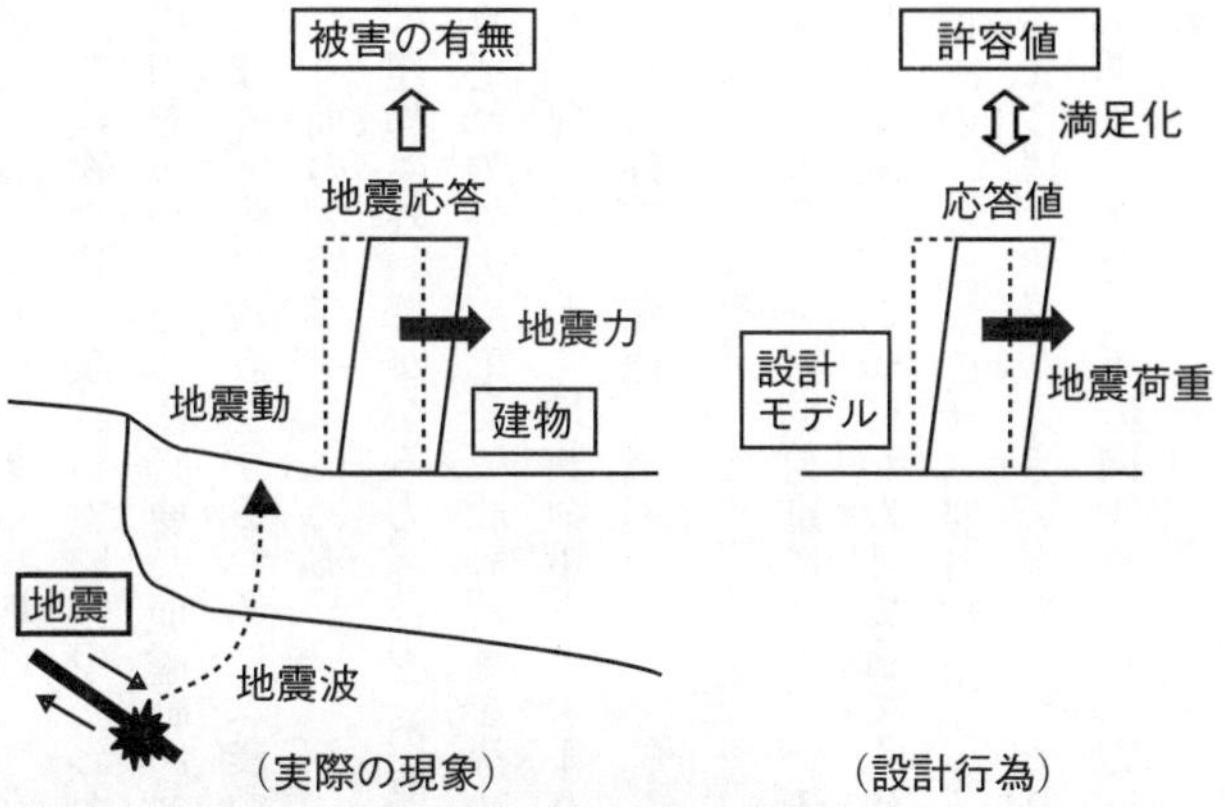

図23　地震動、地震力と地震荷重の関係

つり鐘にたとえると、つくのが地震動でそれによって震えるのが応答である。地震力に対して建物が耐えられなければ建物は壊れてしまうから、壊れないように設計するのが耐震設計である。一方、右側の図は実際の耐震設計である。地震時に想定される地震力を地震荷重として建物に作用させ、その際に建物に生じる応答値を、あらかじめ決められた基準内におさまるように建物を設計する。

簡単のために地震動の加速度をaとし、建物が低層で剛性が大きく地震応答が地震動とほぼ同じとすれば、建物に作用する加速度もaに等しく、地震力FはF=m×aとなる。mは建物の質量であり、重さをWとするとm=W/gである。gは重力加速度で、地球上ではほぼ九八一galで一定値を取る。地震力を地震荷重に置き換えて設計するのだから、地震力すなわち建物に作用する加速度aがわからなければ、どこまで建物を強く設計していいのかわからない。前章で述べたように震源の予測が難しく、地震力を決めるために必要な地震動の予測（強震動予測）は、現在でも道半ばの状況にある。つまり、耐震設計をするためには震源の予測が必要であるが、震源の予測が難しいという当たり前の問題がそこにある。

建物に外からかかる力（外力）の原因は地震だけではない。建物を設計するためには、それぞれの外力に応じて設計荷重を決める必要がある。地震荷重もその一つである。震源の予測が難しいなかで地震荷重をどのようにして決めたかは後で述べるとして、まずは、建物にかかる外力を整理してみよう。

昭和二五（一九五〇）年の建築基準法では、設計時に考えるべき外力に対応して、設計荷重を長期荷重と短期荷重に分けている。長期荷重とはいうまでもなく重力である。地球上に暮らす限り、いついかなる場合でも建物が受け続ける力である。短期荷重には、地震、風、積雪の三つに対応する設計荷重がある。そのうち地震荷重の特徴は、F＝m×aからもわかるように、質量が大きいもの、つまり大きくて重いものほど、大きな力を受けるということである。また上下方向よりも水平方向の方が、建物にとって大きな負担になるという特徴もある。

もちろん、地震の揺れには上下方向の成分もある。上下方向の成分の影響は、我々がエレベータに乗った際に経験するように、昇降時に体重が減ったり、増えたり感じるのと同じく、建物の重量が見かけ上、減ったり、増えたりする作用である。地震によって建物に力がかかる時間が短時間であることや先に述べたように地震動の上下成分は水平成分より弱いことが多い。このため、もともと長期荷重として常時上下方向に重力の影響が考慮されている建物にとっては、それほど大きな負担にならないのが一般的である。

重い建物ほど風に吹き飛ばされないことからもわかるように、風が建物の質量に関係なく力を作用させるのとは対照的に、地震力は重いものほど大きくなる特徴がある。重いとどっしりしていて揺れないと考えている人が意外に多いが、そのような理解はまちがいである。地震による力は建物がどうあれ、まず地面が動き、動くまいとする建物が反対に慣性力と呼ばれる力を受けるというメカニズムによって生じる。したがって、動くまいとする力が大きいどっしりとして重い建物ほど、大きな力を受ける道理である。

三匹の子ブタの家

このような地震力の特徴を頭に置いてみると、有名な『三匹の子ブタ』のお話がちょっと変わってみえてくる。昭和三五（一九六〇）年から昭和四二年までＮＨＫ総合テレビで着ぐるみ人形劇『ブーフーウー』として放送されていたので、そのころ、ちょうど子供時代だった我々の世代にとっては、むしろ『ブーフーウー』と言った方がとおりがよいかもしれない。このお話のもとはイギリスの民話だそうである。

お話のなかで、三兄弟の子ブタがそれぞれに家を建てる。末っ子のウーちゃんは勤勉で頑張り屋、一つ一つ丁寧にレンガを積んで頑丈そうな家を造るが、上の二人のお兄ちゃんはちょっと怠け者、木や藁の家で間に合わせの家を建てる。そこへオオカミが子ブタを食べようとやって来て、オオカミがフーと強く息を吹きかけると、木の家は倒れ、藁の家は吹き飛んでしまうが、レンガの家はびくともしない。そこで、二人のお兄ちゃんを頑張り屋のウーちゃんが助けるというお話である。

でも子供心に、このお話に多少疑問をもたれた方がいるのではないだろうか。我々の子供時代、レンガの家などほとんど見かけたこともなく、木造の家が大半で、屋根は藁葺きのものも沢山あった。なぜ、木や藁の家はいけないのか？　と。この疑問はある意味あたっていて、仮にオオカミが鯰だったらどうだろうか。地震の揺れに対しては、先に指摘したように重い家ほど地震から大きな力を受けてしまい不利になる。その意味では木は、地震の揺れを考えるときには決して悪くない建築材料なのである。さらに、レンガと違って揺れによる大きな変形にも耐えられる点も、地震に対しては向いた材料である。明治二四（一八九一）年の濃尾地震での反省の一つが、西洋式のレンガ造で大きな被害が出たことであり、大正一二（一九二三）年の関東地震でもレンガ造の被害が非常に大きく、それ以後日本ではレンガ造がほとんど建てられなくなったという歴史がそのことをよく物語っている。つまりウーちゃんの選択は地震のほとんど起こらないイギリスでは正解でも、地震が起こる日本では必ずしも正解とはいえないのである。

暑さと耐震

それでは日本の家屋は耐震的だったかというとそうでもなさそうである。耐震設計の父ともいうべき佐野利器は共著『耐震構造汎論』（昭和九年）の冒頭で以下のように述べている。

「我国は過去二〇〇〇年来終始一貫した木造建築の国であった。此《こ》の事実を、地震国たるが故に耐震上の理由から木造が発達したと説明する者があるが、真相は必ずしも左様とは言えない。我国の木造建築の発達した第一の原因は我が国土に樹木が豊富であったということであろう。手近に木材があれば、先ず之から発達するのは自然の理である。……我が国は開闢《かいびゃく》以来地震の襲撃を受け闘争を続けて来た。したがって地震の記録は日本史と共に始まり、共に栄ゆる感がある。……斯《か》くの如く古来幾多の災害に苦しみ来たにも拘《かか》わらず、木造家屋には従来殆《ほとん》ど特種の耐震的工夫が凝らされて居なかったというのは不思議の次第である」

地震に強い家を考えるときには、建築材料の選択もさることながら、それらをどのように組み合わせて骨組みを造るかという構造形式がより重要になることはいうまでもない。地震に強い家というと柱や梁《はり》を太くしてと思われるかもしれないが、そのような構造は重力のように上下の力には強いが、地震力特有の強い水平力に対しては抵抗力を発揮できず、特に接合部に力がかかりすぐに壊れてしまう場合がある。このため、地震力に対しては、必然的に筋かいなどが入った丈夫な壁をできるだけ均等に多く配置することが必要になる。壁が多いと基礎が地震で横向きに揺らされても、屋根もそれと同じように揺れて、家自体の変形が抑えられ壊れにくくなるのである。その際できるだけ屋根が軽いと、地震力を軽減できることはいうまでもない。

ところが昔から、日本の木造家屋が地震で壊れた原因としてほぼ例外なく指摘されていることは、「南向きに広縁があり、開放的で壁が少なく、その上少ない壁が北側に偏在し、さらに重い瓦屋根で頭でっかちである」ということである。佐野利器が「木造家屋には従来殆《ほとん》ど特種の耐震的工夫が凝らされて居なかった」と嘆くのもよくわかる。

では、なぜこのような構造形式が必要とされたのだろうか。屋根を重くするのは台風の風で屋根が飛ばされないようにするためかもしれないが、屋根に断熱性の高い瓦や土を用いることも含め、そのほとんどは蒸し暑い夏をいかに快適に過ごすかに重点が置かれた結果だと思われる。日本よりも夏がずっと涼しい西洋諸国では、木造家屋でもその構造は冬の寒さ対策に向けられ、開口部を少なくし、窓で明かりを取り、壁を厚くするなどの結果、自然と地震に強い構造になっていくのである。

最近、このような日本の木造家屋に多少異変が起こっている。個人のプライバシーを守ろうとする生活スタイルの変化も手伝って、部屋を壁でしっかり区切り、広縁をなくし、気密性を高めた西洋式の構造が普及してきているのである。そのような構造形式を可能にしているのは、エアコンの普及ではないかと考えている。

私は夏の暑さに定評のある京都生まれである。子供のころ、日中の暑さにじっと耐え、夕方庭に水を打って、ほのかに涼しい風を探り当てて、ほっと一息ついていた大人たちをみて育った。夕涼みの楽しさを知る最後の世代としては、広縁がなくなることはちょっと寂しいが、それでも窓や戸を立て一瞬にして涼しくなるエアコンの魅力には勝てない。日本人が長年実現できなかった住家の耐震化を後押しする一つの要素が、一見何の関係もないエアコンの出現だとすれば、住家の耐震化という問題の奥の深さ、難しさを感じる次第である。

2　耐震基準の成立と発展

戦前の木造建築の構造の研究を担っていた東工大教授の田邊平學《たなべへいがく》（一八九八～一九五四）は、その著書『耐震建築問答』（昭和八年）のなかで次のように述べている。

「大工職の人々に一言お願い致し度《た》いと思います。大工職の人々の中には『筋違《すじかい》をいれねば保たぬ様な家は、俺は建てぬ』などと啖呵《たんか》を切って、筋違を入れることを、大きな恥辱でもあるかのように考えている人がありますが、これは飛んでもない心得違いであります。……『筋違《すじかい》』の完全な入れ方を知らぬ者は、これからの大工職としては資格が無いものと心得て、自由に且《か》つ有効に筋違を使いこなす事の出来る腕を誇る様になって欲しいと願って止まぬ次第であります」

また田邊は、柱と梁などを接合する場合に、仕口《しぐち》と呼ばれるほぞとほぞ穴を組み合わせる伝統木造における方法が、結局は柱の断面を小さくして強度を弱めることを指摘し、金物を使って柱と梁を緊結することや、方杖《ほうづえ》と呼ばれる斜め材で補強することを強調している。そんな田邊の有名な言葉に「大工の手からノミを奪え」というのがある。これは、昭和二（一九二七）年の北丹後地震の直後に、『神戸新聞』に出した啓蒙警告の記事の題名である。日本の大工がノミを使って仕口を精巧に作ることに精力を費やし、近代的な考え方に基づく建物の耐震化に不熱心であることを指摘したものである。

杉山英男の『地震と木造住宅』（平成八年）によれば、明治以後、佐野や田邉に代表される大学出のエリートたちが提案する耐震化への構法の提案が、日本の住家の大半を占める木造住家で、江戸時代からの木造の技術を伝承する大工の棟梁たちに容易に受け入れられなかった歴史がそこにある。このような水と油の関係は戦後まで続いたという。耐震基準の制定は、そんななかでエリートが打った一つの打開策でもあった。

以下、わが国における耐震基準の変遷については、大橋雄二『日本建築構造基準変遷史』（平成五年）を主に参照した。

無理な注文

耐震基準を制定する際に、もっとも大きな問題となったのは地震荷重の設定であった。耐震基準は、大正八（一九一九）年四月に制定された市街地建築物法（大正九年一一月に施行規則公布）のなかに組み入れるために、関東大震災後、文部省の震災予防調査会で議論された。

その際、佐野利器が耐震規定の法規の原案をつくり、その案について議論が進められた。同席した北澤五郎はそのときの様子を「震度談」として以下のように記述している（『建築学大系』第一五巻の月報、昭和三二年)。北澤五郎はもともと警視庁建築課に所属し、関東大震災の被害調査に活躍し、震災後に復興局で佐野利器のもと耐震規定の原案作成に従事した人である。

「将来東京・横浜に起こりうる地震の震度は、どの程度かという推定については、各委員とも困られたようであったが、結局今村・下村両博士の予想を求めることになり、両博士はそれに対する返答を躊躇された。

どなたであったか、両博士に向かって、御両所とも専門なのだから、そのぐらいのことはいえるだろうと発言された。私は聞いていてひどいことをいう人もあるものだと感じたことを覚えている。両博士は仕方なく相談をはじめられたが、これが相当の時間を要した。最後に両博士から出た案は東京〇・三、横浜〇・三五ということであり、佐野先生のご提案は調査会が同意したことになった」

ここで今村は今村明恒のことであるが、下村は中村のまちがいで中央気象台地震掛の中村左衛門太郎のことではないかと思われる。佐野利器は、今村明恒が地震による被害調査の結果、東京の下町では水平震度〇・三程度あったと推定していたことをあらかじめ頭において、材料の安全余裕を三倍とみることで設計震度を〇・一と設定していたが、そのとおりの回答が返ってきたのである。

ただ、今村明恒にとってみれば、いくら地震学が専門だからといっても、今でも一筋縄では評価できない将来起こり得る地震の強さなど簡単に提案できるはずがない。直前に発生した関東地震の際の揺れの強さをそのまま採用したのは致し方ないことである。北澤五郎が酷いことをいう人があると思ったといっているように、わからないことを決めなければならない辛さは、同じその道の専門家として察するに余りあるものがある。

図23（一五五ページ）に戻って地震荷重の意味を厳密に考えると、この場合二つの意味で地震荷重は実際に地震が起こった際に建物にかかる地震力ではない。つまり地震荷重≠地震力である。一つの理由は、地震荷重を関東大震災の東京下町の揺れの強さを基に決めたとはいえ、まったく同じ揺れが将来、東京を襲うとは限らないし、関東地震ばかりが地震ではない。ましてやこの規定をほかの地域に適用しようとした途端に、その矛盾はさらに大きくなる。

また第二の理由は、実際の地震による揺れは複雑な震動であり、建物にかかる地震力もそれに応じて複雑な挙動をするはずであるが、それを地震荷重としては、水平震度〇・一という一つの値に簡素化している。これについては、当時、地震動の予測が十分できなかったという面だけでなく、コンピューターもなく建物が地震に対してどのように揺れるかを詳細に計算し、設計に反映する技術がなかったことも大きな原因である。このため安全余裕の三倍というのも、経験的な大づかみの値であることはいうまでもない。

木造については、すでに大正九（一九二〇）年一一月に出された市街地建築物法施行規則で、柱や梁などの主要構造材の交点である仕口はボルト締め等で緊結することや柱を掘立にしてはならないこと、木造三階建て以上、木骨煉瓦造二階建て以上は筋かいを入れるなどの規定があり、大正一三年六月の改正では、二階建てや平屋についても筋かいを入れるように規定された。

ところが、すでにお気付きのことと思うが、耐震規定を盛り込もうとした法律は、市街地建築物法であり、実際に東京、大阪、名古屋、京都、神戸、横浜など六大都市の市街地を対象としたものであった。その後市街地建築物法が適用される市町村は増えたが、そのほとんどが、用途地域、建築線、屋根の葺き方、防火区域に関する事項などで適用されるだけで、耐震規定が適用される地域はそれほど広がらなかった。

静的震度法

ここで、佐野利器が提案したわが国初の耐震基準における地震荷重についての考え方をまとめておこう。佐野は、大正五（一九一六）年の「家屋耐震構造論」上編の冒頭で、水平震度とそれを用いた静的震度法について以下のように述べている。冒頭の大森理学士はもちろん大森房吉のことである。

「大森理学士は水平方向の最大加速度（主として災害の直因をなすもの）300粍／秒^2（mm／秒^2）より4000粍／秒^{2}の間を七階に分かちて所謂《いわゆる》絶対震度階を作られたり。余の茲《ここ》に震度と名《なづ》くるものは加速度（殊に最大加速度）の一の変形なり、即ち地震動の最大加速度（a）と重力の加速度（g）との比（a/g）にして常にk又はk_1を以《もっ》て表わさんとす。Wを以て物体の重量とせば震力a×mはk×Wと記され得べく、凡《すべ》ての物体は其《その》重量のk倍の力に依《よっ》て静止を乱されんとすと云い得べし、kは一般に〇・或《あるい》は〇・三と云うが如き少数なり。……或る地に将来起こり得べしと予期せらるべき震度を名《なづ》けて其《そ》の地の予期震度と呼ばんとす、……家屋を造営するに当り、其《そ》の地の予期震度は家屋の大切さに応じて増減せられ得べし。此《こ》の場合には其《そ》の震度を特に其《そ》の家屋の標準震度と名《なづ》けんと欲す、……」

この予期震度がのちに設計震度〇・一として耐震設計の計算基準のなかに取り入れられた経緯はすでに述べたとおりである。この設計震度〇・一と建物の重量Wを掛け合わせた力を、設計用の地震荷重として建物に水平の一方向から静的にゆっくりとかけて、建物の骨組みの各部に生じる力（応力度）を材料の許容応力度以下にするというのが佐野の提案した設計法で、許容応力度設計法と呼ばれている。許容応力度は、材料について危険と考えられる応力度を安全率で割ったもので、佐野は安全率を三倍とみた。

一般に法令等でなんらかの規則、義務を行う際には、それらが社会に円滑に受け入れられるよう、諸環境の整備を図り、法令の要求する水準がその社会の一般水準とあまりにかけ離れていないような配慮がされることが一般的である。ところが、当時水平力によって建物各部に生じる応力を計算することは一つの難問であった。このため一般の建築構造技術者向けの実用的な耐震構造計算法は未だ開発されていなかった。つまり大正一三年の市街地建築物法の改正は、むしろ建築構造界の技術レベルに先行して耐震計算の義務付けが行われたのである。それほど関東大震災の影響が大きかったというべきかもしれない。

したがって、その後の建築構造界では、水平力に対する応力計算の実用的方法の開発に大きな精力が注がれた。そのなかでも東大で佐野利器に学び、のちに東大工学部建築学科の教授となる武藤清《むとうきよし》（一九〇三〜八九）の功績は高く、昭和八（一九三三）年に建築学会（昭和二二年に日本建築学会と改称。現在に至る）が出した『鉄筋コンクリート構造計算基準』のなかでの「横力分布係数法」によって建築物の実用的な耐震計算がはじめて可能になったといわれている。

強さと粘り

建物の耐震性を述べる場合に強さと粘りという言葉がよく使われる。ここでは多少専門的

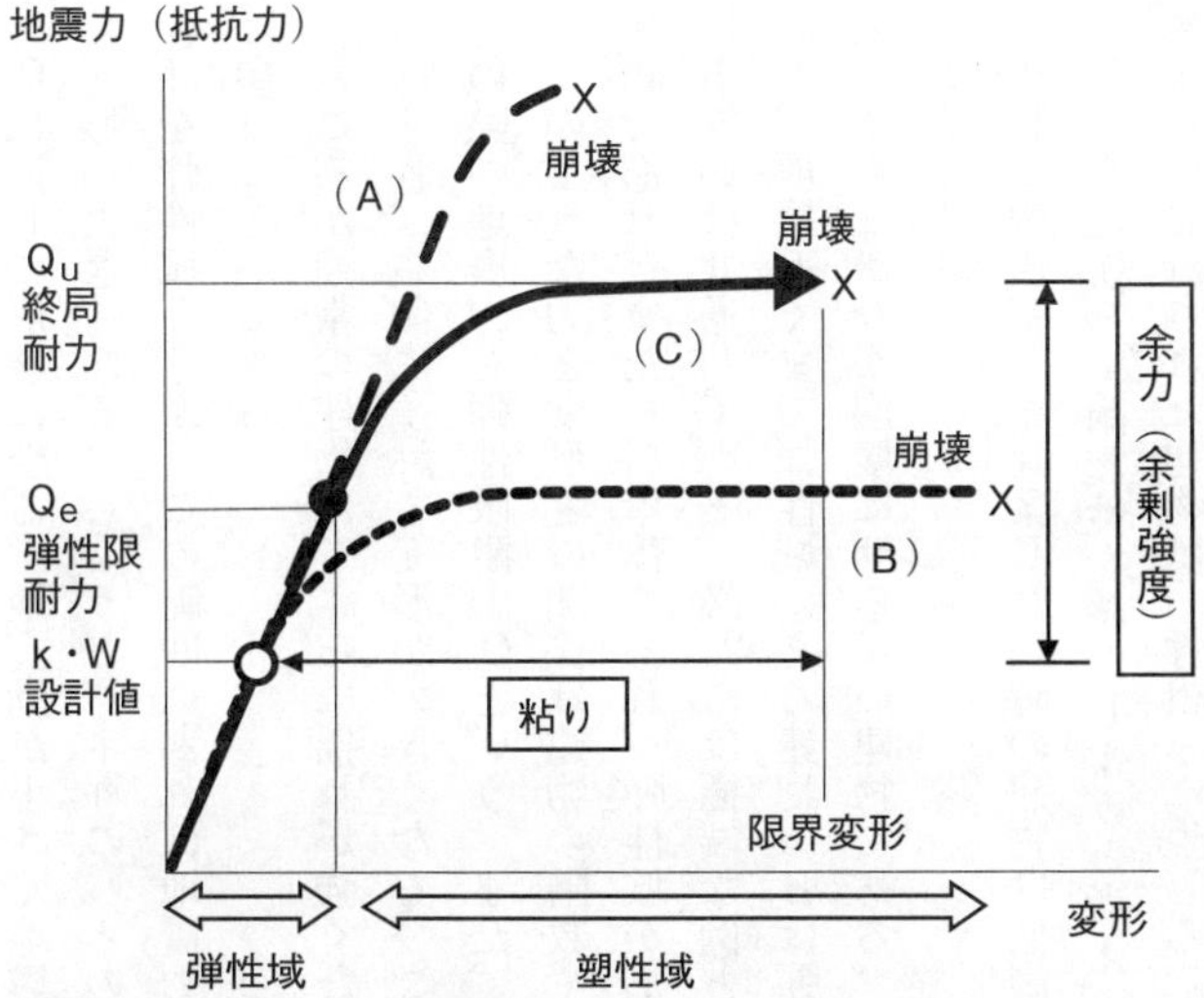

図24　地震力（建物の抵抗力）と変形の関係、余力（余剰強度）と粘り（靭性）

になるが、柴田明徳《あけのり》著『最新耐震構造解析』（昭和五六年）を参考に、強さと粘りの概念について説明する。図24は建物が受ける地震力とそれによる建物の変形の関係を模式的に示したものである。図23（一五五ページ）で述べたように、建物は地震に対して応答し、その加速度値aを水平震度kに置き換えて建物重量Wとの積を取ると地震力が求められる。地震力を受けると建物は変形する。建物側からいえば、この力で建物は地震に抵抗していることになる。

大きさを変えながら力を建物に片側からゆっくりかけると、通常の建物はCのような変形をして、最後には図の

×印に達して崩壊に至る。地震動が小さく地震力がある程度以下の場合は、地震力に比例して変形が大きくなる。ちょうどバネ秤《ばかり》のバネの長さと錘の重さとの関係と同じである。その範囲を弾性域と呼ぶ。この範囲にあれば地震力がなくなれば、建物は何の変形も残さずに元に戻ることができる。

ところが通常の建物は、さらに揺れが強くなって地震力が増すとある点を境に比例関係からはずれ、右側にずれて変形が大きくなる。この現象を降伏《こうふく》と呼ぶ。その境目が弾性限界で、その際の地震力を弾性限耐力Q_eという。また、弾性限界を超えた領域を塑性《そせい》域と呼ぶ。

このような力と変形との関係は建物の階数や構造によってそれぞれ異なるが、どのような建物であれ、また材料単体であれ、弾性域があり、弾性限界で降伏して塑性域に入るような振る舞いは共通している。図24には極端な例としてAとBの場合を示す。Aは弾性限耐力が高く、崩壊近くまで弾性域にある建物、Bは弾性限耐力が低くすぐに降伏するが、塑性域に入ってもなかなか崩壊に至らない建物である。Aのような建物を剛構造、Bのような建物を柔構造と呼ぶ。

佐野が耐震基準を提案した当時の建物は低層のものがほとんどで、佐野は建物を剛構造にすることによって耐震性を確保しようと考えていたようである。地震荷重k×W（k＝0.1）によって設計された建物は、骨組みに生じる応力度が、材料の許容応力度以下になるように設計され、その際の許容応力度は安全率を三倍程度と見込んで設定されたものである。したがって建物全体としてみても白丸で示すように、k×W は弾性限耐力を十分下回る弾性域内にあると考えられる。また、佐野の考えには建物応答の概念がみられないが、低層の剛構造であれば、地震応答による揺れの増幅はほとんどなく、k＝0.1 を用いれば、今村明恒が評価した関東地震の際の東京下町での水平震度〇・三の地震動にも十分耐える設計ができると考えたのかもしれない。

図24に示すように建物が崩壊する×印に対応する地震力を終局耐力 Q_u と呼ぶ。終局耐力と設計用の地震荷重の間には通常ある程度の差があり、その差を余力（余剰強度）と呼ぶ。つまり、佐野は余剰強度が十分ある建物を造ることをめざしたといえる。このような考え方で設計された建物は、k＝0.1 の地震荷重で水平震度 k＝0.3 の地震動に耐えると考えられたように、設計で設定された地震荷重を相当上回った地震力（または地震動）が作用しても崩壊しない。

余剰強度のほかに、もう一つ建物が大きな地震動に耐える性質として、粘りと呼ばれる要素がある。建築材料に使われるコンクリートと鉄を例に説明すると、コンクリートは通常、大きな外力を受けると、その分大きな抵抗力を発揮して抵抗するが、いったん弾性限界を超えて塑性域に入るとすぐに破壊してしまう。つまり図24のAのような力と変形の関係になる。

一方鉄は、Bのような力と変形の関係になり、弾性限耐力が低くすぐに降伏して塑性域に入り小さい抵抗力で大きく変形するがなかなか折れることはない。このように曲がってもなかなか折れない性質を靭性《じんせい》という。この靭性が粘りの源である。

もちろん建物に片側から力をかけ続ければ、どんどん変形していつかは壊れてしまうが、実際の地震の揺れは往復運動であり、ある程度の変形に耐えられれば、そのうちに力が反転して崩壊に至ることはない。これが粘りの効果である。粘りの程度は、設計用の地震荷重をかけた際の変形と崩壊する際の限界変形との差で表される。余剰強度に期待せず粘りによって耐震性を確保する代表例は、地震動を柳に風と受け流すとたとえられる超高層ビルである。

通常の建物は、材料の特徴を生かしてそれらを組み合わせ、強度と粘りによって地震の揺れに抵抗するように設計されている。まさに強と靭の組み合わせである。言い換えれば、与えられた条件下で建物をいかに地震に対して強靭に造るかが耐震設計であるといえる。

一〇〇年河清を待てず

地震動は元来、動的で時間的に振動しながら変化するものであり、これによって生まれる地震力も動的なものである。これを静的な力に置き換え、かつ、すでにでき上がっていた建物の自重や建物内部の物品による積載荷重に対する設計法の枠組みのなかに、水平方向の外力を取り入れたという点で、佐野の静的震度法は、地震動や地震力の性質があまりよくわかっていない時代の工学的処理としてはまことに巧妙な方法であった。

反面、その大胆な仮定が、実際の地震の際に生じる地震力を適切に表し、その結果、静的震度法で設計された建物が地震に対して安全であるかどうかという議論を生むのは当然である。関東大震災後、耐震構造の研究の主流はすでに振動論的研究に移り、そのなかから多くの成果が生み出されつつあったことも議論を生んだ大きな要因であった。

先にも説明したように静的震度法によって設計される建物は、地震の揺れによる変形をできるだけ少なくする剛構造を指向するものであった。これに対して、振動論の研究者であった海軍省建築部長の眞島健三郎《まじまけんざぶろう》（一八七三～一九四一）は、柔構造を主張して佐野の静的震度法に基づく剛構造指向を批判した。

先に地震計のところで説明したのと同じように、振動論的に考えると、建物にも固有周期があり、その周期と同じ成分をもつ地震動が来ると建物が共振して応答が大きくなりその分地震力が増す。地震動には短周期成分を多く含む場合が多く、共振を考えると、固有周期が短い剛構造物の方が耐震的であるという理屈は成り立たない。むしろ固有周期を長くするように建物を柔らかく造る方が大きな地震に対抗する望みがあるというのが眞島の主張であった。

眞島は、大正一五（一九二六）年の建築学会の講演会の演説が『建築雑誌』の昭和二（一九二七）年一月号に「耐震構造問題に就て」と題して掲載されたのを皮切りに、振動論に立脚しない佐野の静的震度法を批判した。有名な柔剛論争の始まりである。

これに対して佐野利器は、『建築雑誌』の同じ号に「耐震構造上の諸説」と題する演説の速記録を掲載した。ここで、佐野は眞島のほかに当時行われていた振動論の研究者として、造船出身の東大地震研究所所長の末広恭二、内務省土木試験所所長の物部長穂《もののべながほ》（一八八八～一九四一）など建築以外の出身者、建築分野では、武藤清、谷口忠などの若手の研究を紹介しながら次のように述べている。

「然《しか》しながら以上列挙した諸君の御研究中には私としては猶未《なおいま》だ充分に之《これ》に承服することの出来ないものが少くありません」

とし、第一に地震動は単振動ではなくきわめて不規則な振動であること、第二に建築物の振動特性も複雑であり単純な弾性振動では扱えないことを指摘し、さらに続けて、

「是等《これら》第一第二の事項を出来る限り鮮明ならしむることは最も必要であって、建築界は之《これ》に対する努力の義務を有するのであるが、是《これ》が鮮明せられざる限り耐震構造の理論は真に確立せりと云いかねるのであります。

然《しか》しながら、諸君、建築技術は地震現象の説明学ではない。現象理法が明でも不明でも、

之に対抗するの実技である、建築界は百年、河の清きを待つ余裕を有しない。

そこで案出せられたのが、即《すなわち》、所謂《いわゆる》従来の方法である。第一、第二に述べたる一切の複雑、煩瑣《はんさ》、不明確問題を打ち混じて以《もっ》て之《これ》を一丸となし、震度なる単一概念に之《これ》を統一し、Dynamic Action（動的挙動）を Statically（静的）に取り扱った所に其《そ》の主要なる点が存するのであります」（かっこは筆者）

この後、佐野は眞島の研究に対する批判を展開するが、眞島の指摘に対して、静的震度法の妥当性を論理的に主張するものではなく、右のように地震や建物についての学問の現状認識と実務を意識したみずからの立場を主張するに留まらざるを得なかった。これに対し眞島は同年の『建築雑誌』四月号に「佐野博士の耐震構造上の諸説（評論）を読む」と題した反論を発表した。

「次に佐野博士は先輩の説に従い、地震の最大加速度を取って之《これ》を震度と名付け、単一観念に統一し Statically に扱えば、応用は自在で凡《すべ》ての複雑煩瑣《はんさ》不明確なものも、茲《ここ》に釈然として其《その》大体を握る事が出来ると説いて居られますが、之《これ》は聊《いささ》か禅問答の様で吾々《われわれ》凡夫には容易に此《こ》の悟《さとり》が開けそうにない、恐らく賢明なる博士も之《これ》で他人に判ると思って居られないだろうと思われる」

と述べて過去の地震の例を引き、最大加速度値つまり水平震度が大きい地震の被害が必ずしも大きくないことを示して佐野にせまった。

佐野利器は明治一三（一八八〇）年生まれで、東大教授として建築構造学の基礎を築き、関東大震災と同時に大正一二年からは帝都復興院理事、翌年からは東京市建築局長を兼任し、行政面でも震災復興の指揮をとった。そんな経歴からもうかがわれるように、理論的にはいくら正確であったとしても、一般の民間建築技術者にとって利用不可能なものは佐野の立場からは採用できないと考えていたのではないかといわれている。正体がはっきりしない地震に対し、物はしっかり強く造れば丈夫であるという常識も大きな味方であったに違いない。そのような立場は、「百年河清《かせい》を待てず」という佐野の振動論に対する言動によく現れているが、真理一筋に純粋に信念を貫こうする眞島に、そのような説明が通じるはずがなかった。

当時の建築構造界はまさに佐野学界の様相が強かった。そんななかで、眞島健三郎は果敢に佐野に挑んだが、佐野は眞島の二度目の主張に反論しないまま、昭和四年に東大を退き、清水組（現在の清水建設）の経営にあたるようになった。

その後、昭和五年の北伊豆地震の被害をめぐって、再び眞島が柔構造の優位を主張し、佐野の後継者である武藤清との間で論争が再燃した。そこで、武藤は、そもそも眞島は地震動の周期を一秒程度とみなして、建物の固有周期をそれよりも長く二から三秒程度とすれば共振が避けられると主張するが、地震動のなかには周期の長いものもあるから柔構造にするとかえってその長い周期の振動と共振することがある、それよりは剛構造として、強度の高い構造とした方がまちがいが少ない、と主張している。柔剛論争は昭和一〇年に京大助教授の棚橋諒《たなはしりよう》（一九〇七～七四）が出した、建物の耐震性は建物が蓄えることのできるポテンシャルエネルギーにより測るべきだという論文を最後に、剛か柔かの結論がでないままに終了した。

ここにきて、柔剛論争が地震記録の乏しさという当時としてはどうにもならない問題に到達していたことがわかる。先に述べたように震源近傍で強震記録がはじめて観測されたのは、昭和八年のカリフォルニアでのことであり、日本での加速度型強震計の観測が本格化するのは昭和二八年からである。また、構造物の本格的な振動解析をするためには、戦後のコンピューターの出現を待たなければならない。柔構造とは建物全体として図24（一六九ページ）のBのような地震力と変形の関係をもつ建物をいうが、材料の面からも技術の面からも、そもそも靭性を確保した長周期の構造物を造ること自体が当時としては難しかったこともあり、これ以後、昭和四〇年代に超高層ビルが出現するまで、日本の耐震基準は剛構造の考えで固められていった。

建築基準法

昭和一〇年代から戦時色が強まり、木材や鋼材の軍需に応じるために、より少ない材料で建築物が建設できるように、昭和一二（一九三七）年に市街地建築物法が改正され、建築材料の許容応力度が引き上げられた。つまり同じ地震荷重に対して建物各部により大きな応力度が発生することを認めたのである。さらに戦争が激化した昭和一八年には、法令の適用そのものが停止された。戦後昭和二二年に規定が復活するが、戦後の混乱期のなかで十分役割を果たしたとはいえない。そんななかで昭和二三年に福井地震が発生、四〇〇〇人近くの死者を出す大惨事となった（一六ページ表2参照）。その経験を生かして昭和二五年に建築基準法が制定され、建築基準法施行令によって構造基準が定められた。これにともなって市街地建築物法が廃止された。市街地建築物法とのもっとも大きな違いは市街地に限らず全国どこでもすべての建築物に法律が適用されるようになったことである。

地震荷重については、戦時中の建築材料の許容応力度の引き上げを踏襲し、安全率を三倍から一・五倍に引き下げ、代わりに設計震度kを従来の〇・一から〇・二に引き上げた。これによって、戦時中低下していた耐震安全性を元来の市街地建築物法の水準まで戻したことになる。図24で説明すると、k×Wの〇印のkが二倍になり、より弾性限界に近いところで設計がなされるようになったが、安全率も半分に引き下げられたことから結局でき上がる建物の終局耐力は当初と同じに設計されるということである。設計震度については福井地震の経験により、〇・三ないし〇・四にすべきであるとの議論もあったが、戦後復興期の足かせとならないように、また当時の地震動に対する研究段階ではそこまで議論できるだけの資料がないということで、結局、佐野利器による関東大震災の判断を踏襲することになった。

さらに施行令に基づいて、昭和二七年に出された建設省告示で、地上からの高さ一六メートル以上の建物では四メートルごとに設計震度を〇・〇一増やす、地域によって震度を変える、地盤・構造種別ごとの組み合わせによって震度を変えるなどのきめ細かい規定が設けられた。建物の高さについては、大正九（一九二〇）年の市街地建築物法施行令で一〇〇尺制限（一〇〇尺は三〇・三メートル）が設けられ、昭和三八年までわが国では三一メートル（八階程度）以上の高さの建物が認められていなかった。また、一般の木造建物についても、建築基準法施行令は、今まで定量的でなかった耐震壁の量を規定し、昭和三四年の改正でそれを強化した。

その後、昭和三〇年代後半から日本は高度経済成長期に入り、さまざまな建物が建設されるようになった。高さが四五メートルを超える高層建築物をはじめ、通常の建築物とは異なる特殊なものは、建設大臣が基準法第三八条に基づいて個別に認定を行う方式がとられた。

一方、一般建築物では、低層で整形で窓が小さく壁が多いという佐野利器が当初想定していたものからはずれる建物が続々と登場してきた。さらにコンピューターによる地震応答解析技術の進歩によって、それらの建物では応答加速度は弾性体なら地震動の三～四倍になることもあることがわかってきた。つまり、設計震度〇・二からその変化をみると、建物応答がほとんどない場合には地震動の水平震度は〇・二つまり二〇〇galであり、安全率一・五倍程度を考えれば、関東大震災での東京での地震動三〇〇gal（震度6相当）に耐えうるレベルである。一方、建物の応答が三～四倍あれば安全率を同じ一・五倍としても地震動は逆に八〇～一〇〇gal（震度5相当）となり、それを超える地震動が来れば建物が壊れる可能性が考えられる。

ところが、実際の建物は震度5以上の地震動、つまり水平震度〇・二以上の地震力にも耐えてきたものも多かった。その理由は靭性にあった。すなわち図24で説明したように、強度を保ちながら変形する能力があれば、弾性体としての応答計算で予想される地震力より小さな地震力に対して設計されていても、地震時には建物が変形して塑性域に入り、大きなエネルギー吸収をして地震に耐えられるのである。このことは、まさにかつて柔剛論争の終盤で棚橋諒が指摘した事項である。

しかしながら、このことを逆にいえば、それまでの設計法のもとでは、靭性が不足し、粘りのない建物の出現は防げず、それらの建物は地震に対して脆《もろ》いことを示している。実際、昭和四三年の十勝沖地震での函館大学、八戸高専、三沢商高、むつ市庁舎の鉄筋コンクリート造の大被害はそれを物語っていた。

そこで、まず緊急措置として、昭和四六年に地震時の鉄筋コンクリート造の柱のひび割れを防ぐために、剪断《せんだん》補強強化が行われ、帯筋の間隔を狭めるなどの対策が立てられた。その後本格的には、昭和五六年に建築基準法施行令の大改正が行われた。新耐震設計法と呼ばれるものである。従来の許容応力度設計法が静的であるのに対して、大幅に地震時の建物の動的挙動に関する知見が取り入れられた。

改正の要点は、従来の許容応力度設計はそのまま一次設計として残し、新たに二次設計を導入した。二次設計は、大地震に対する地震動として三〇〇〜四〇〇galを想定し、弾性応答で生じる地震荷重一・〇にも耐えるような十分な粘り強さを持たせて、終局変形に至らないよう設計するというものである。具体的には、建物の終局耐力（保有水平耐力）が、大地震時に想定される必要保有水平耐力を上回ること、各階の層間変形角（下の階に対する上の階の移動量を階高で割った値）を二〇〇分の一以下にすること、変形しにくさを表す剛性が各階であまり大きく変わらないように変化率を一定以下に抑えること、またねじれを防ぐために偏心率を一定以下にすることなどが定められた。詳細は先にあげた文献を参照していただきたいが、要は関東大震災の東京での揺れ相当の地震動でもすべての建物が確実に崩壊に至らないようにしようというものである。その後の平成一二（二〇〇〇）年にも建築基準法の改正が行われたが、建築物の耐震性という観点からはそれほど大きく変わった改正ではなかった。

二次設計は、一般の木造建物には適用されないが、昭和四六年の基準の強化に引き続き、新耐震設計法では木造建物においても重要な規定がなされた。軟弱地盤では鉄筋コンクリートの布基礎《ぬのぎそ》とすること、耐震壁の必要量をさらに高くし、昭和三五年時点の約二倍にしたことなどである。さらには耐震壁のバランス配置の了解が技術者間で進んだ。また平成一二年の建築基準法の改正では、地盤調査の実施、仕口の仕様の明確化、耐震壁のバランス配置などが追加された。佐野利器や田邊平學の提案した木造住家の耐震化への構法がやっと実現したといえる。

基準法の効果

以上みてきたように、日本における耐震基準は、関東大震災の直後、佐野利器の要請で、今村明恒が見解を述べた東京下町での水平震度〇・三がすべての出発点であり、それ以来、その地震動に耐える建物を造ることを目的に、戦争や高度経済成長などの社会情勢の影響も受け、またその後発生した地震の被害を教訓にしながら、時々の耐震工学の学問レベルに応

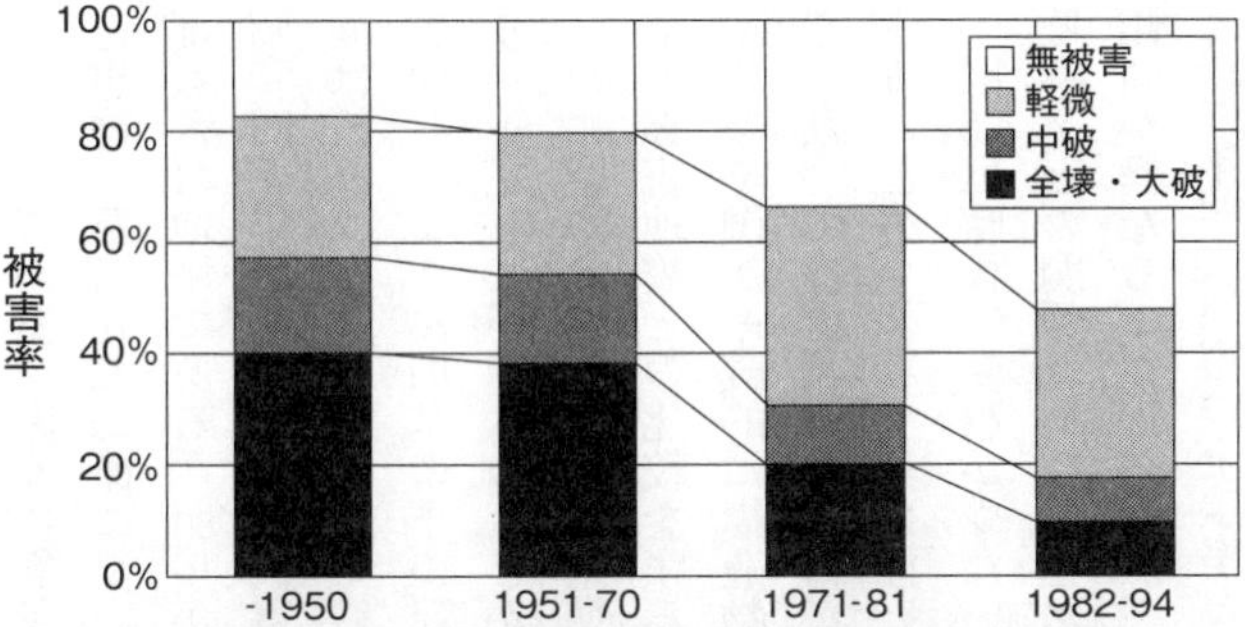

図25　震災復興都市づくり特別委員会による平成７年阪神・淡路大震災における神戸市灘区の木造建物の建築年代別被害（村尾修・山崎文雄〔平成14年〕に加筆）

じて変遷してきた。その際、設計用に用いられてきた地震荷重は、常に関東地震の東京の揺れが意識されてきたという点では、自然現象としての地震動、それが発生した際の建物に作用する地震力とは一線を画した扱いが行われてきたことになる。

このようななかで、設計基準の効果を測る機会が十数年前に訪れた。平成七（一九九五）年の兵庫県南部地震である。一六ページの表2に示すこの地震の家屋喪失数の内訳は、全壊住家数九万三一六二棟と全焼住家数七一二〇棟（いずれも平成七年版『消防白書』から）である。このほかにもオフィスビルなどさまざまな建物に被害が出た。

それらを建築年代別に見ると、建築基準の変遷の影響をたどることができる。先に説明したように昭和五六（一九八一）年は新耐震設計法が施行された年であり、また昭和四六年はそれに先駆けて建築基準が強化された年である。図25に震災復興都市づくり特別委員会によって調査された神戸市灘区の木造建物一万三九五二棟についての建築年代別の被害の割合を示す。灘区は〝震災の帯〟の一部も含む地域である。明らかに昭和五七年の新耐震設計法施行以後の建物に被害が少なく、昭和四五年以前の建物に被害が多いことがわかる。ほかの調査結果も総合すると、同様の傾向は鉄筋コンクリート造や鉄骨造などほかの構造物の被害にもみられる。その理由は、先に説明したように旧基準下の建物には、耐震壁の少ないものやバランスの悪いもの、さらに粘りが不足しているものなどがあるためと考えられる。

次に昭和二五年の建築基準法の有効性をみるために、木造建物の全壊率について、それ以前の被害地震との比較をする。明治以後の地震については、地震の発生直後から地方自治体や警察や国が系統的に構造物ごとに被害の状況を調べている場合が多い。また学会などが中心になって被害調査報告書が残されている場合も多く、それらをもとに建物の全壊率を評価することができる。表2もそれらのデータから作成したものである。

図26は時代的変遷が少ないと思われる墓石の転倒状況から推定される水平震度kと住家全壊率Yとの関係を地震ごとに調べたものである。明治二四（一八九一）年の濃尾地震は多少傾向が異なるようであるが、昭和二七年十勝沖地震、昭和二三年福井地震、大正一二（一九二三）年関東地震の全壊率と水平震度の関係はほぼ同じである。先に指摘したように、日本

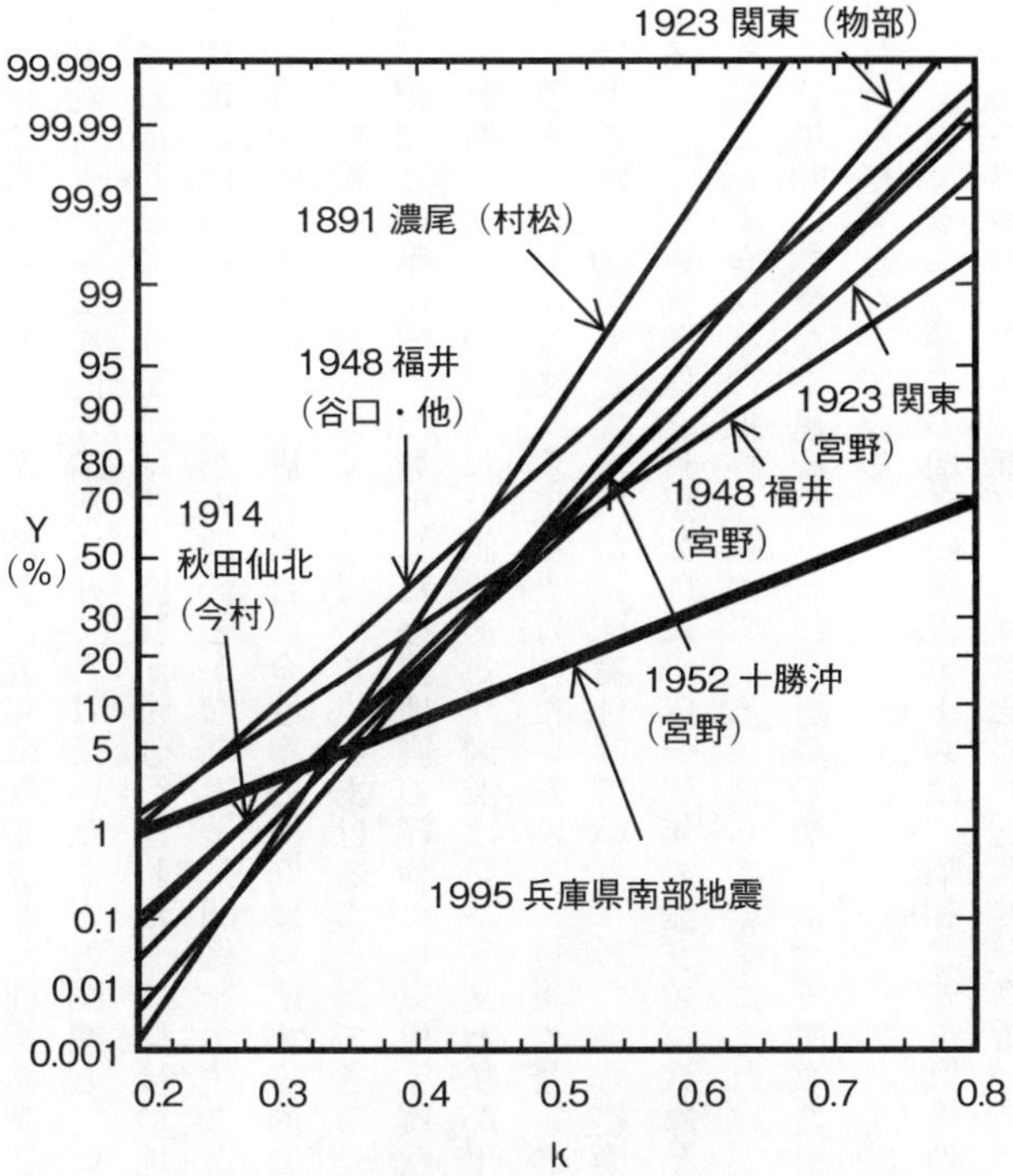

図26　平成７年兵庫県南部地震と過去の地震による墓石の転倒からみた水平震度ｋと住家全壊率Ｙの関係（諸井孝文・武村雅之〔平成11年〕より転載）

における多くの木造家屋が、昭和二五年に制定された建築基準法までは、ほとんど耐震規定の制約を受けず伝統的な構法で建てられていたことと関連している。

これに対して、建築基準法の影響が十分行きわたって以後の地震である平成七年の兵庫県南部地震については、ほかの地震とかなり違った関係を示すことがわかる。具体的には、たとえば宮野による福井地震の場合の全壊率三〇%に対応する同じ水平震度kに対し、全壊率が一〇%程度とかなり低くなっている点をあげることができる。全壊率三〇%以上というのは、昭和二四年に前年に発生した福井地震の経験から気象庁震度に震度7が設けられ、震度7の判断基準の一つとされた値である。図26は諸井孝文と私が平成一一年に書いた論文の結果である。同じ論文で、震度7となったいわゆる〝震災の帯〟の地域の全壊率を調べ、三〇%はおろか一〇%程度であったと結論付けている。この差も建築基準法の効果を示す結果である。また、吉岡美保と目黒公郎は平成一三年の論文で、兵庫県南部地震に対し木造住家の築年代ごとの全壊率の推移を調べている。彼らの結果によれば、昭和二五年と昭和五六年以後の数年間に急激な不連続がみられ、耐震基準によって住家の耐震性が向上していることを裏付けた結果となっている。

以上のように、過去の地震の被害データは、昭和二五年以後の建築基準法の制定、強化がわが国の建物の耐震性を確実に上昇させてきた事実を物語っている。

表6　西暦2000年以降の地震の総務省消防庁による平成19年末時点での死者・行方不明者数と全壊家屋数

西暦年月日	地震名	M	死者・不明	全壊家屋数	全壊/死者	備考
2007.7.16	新潟県中越沖地震	6.8	15	1319	87.9	
2007.3.25	能登半島地震	6.9	1	684	684.0	
2005.3.20	福岡県西方沖地震	7.0	1	132	132.0	
2004.10.23	新潟県中越地震	6.8	68	3175	46.7	死者に多くの関連死
2003.9.26	十勝沖地震	8.0	2	116	58.0	津波による不明2
2003.7.26	宮城県北部地震	6.4	0	1276	－	
2001.3.24	芸予地震	6.7	2	70	35.0	
2000.10.6	鳥取県西部地震	7.3	0	435	－	

減らない建物被害!?

読者のなかには釈然としない感じを抱く人がいるかもしれない。それは最近の被害地震の報道をみても、少しも建物被害が減っているように感じられないからである。表6は消防庁が集計した平成一二（二〇〇〇）年以降の主な地震の被害をまとめたものである。表2（一六ページ）の地震ほどではないが、確かに多くの建物が全壊していることになっている。ところが、死者・行方不明者数を見るとどうだろう。表2に示した地震に比べてはるかに少ないことがわかる。少なくとも、表2で説明したような全潰住家約一〇棟につき一人の割合で死者が出るという経験則はまったく成り立っていないことがわかる。これは何かあると調べてみると、建物の被害程度を示す全壊や半壊（あとで説明するように、同じ意味で以前は全潰、半潰と書いた）の定義に異変が起きているのである。

全壊や半壊は、建物の被害の大きさを表す言葉として古くから用いられている。諸井と私の平成一一年の論文によれば、昭和二三（一九四八）年の福井地震の際の北陸震災調査特別委員会の調査報告には、全壊とは「地震時に屋根の一部以上が地に着いたもの、二階建にありては二階床部分が地に着いたものも之《これ》に含む」とあり、大正一二（一九二三）年の関東地震の際の震災予防調査会報告には、「平屋にありては屋根以下潰れたるもの、二階屋にありては階下潰れ階上そのままのもの、または階上潰れ階下そのままなるもの」とある。つまり建物がペシャンコに潰れ、決して引き起こせないような状態を全壊と定義していた。また半壊は、最近では大破ともいうが、全壊のまさに半分ほどの被害で、再使用には大規模な修繕が必要な状況を指していた。

ところが、昭和二五年ごろを境にして全壊の定義が次第に緩くなり、その傾向は現在まで続いている。昭和二一年に内閣から当用漢字表が告示され、さらに昭和三一年には国語審議会から「同音の漢字による書きかえ」が発表されて、〝潰〟という文字が使えなくなった。このため〝全潰〟と書かれていたものがすべて〝全壊〟と書かれるようになった。このことが定義の変化をもたらしたと指摘する人がいるが、国語審議会は〝全潰〟を同じ意味で〝全壊〟と書くよう指導しているのであり、漢字が変わったからといって勝手に定義を変えても

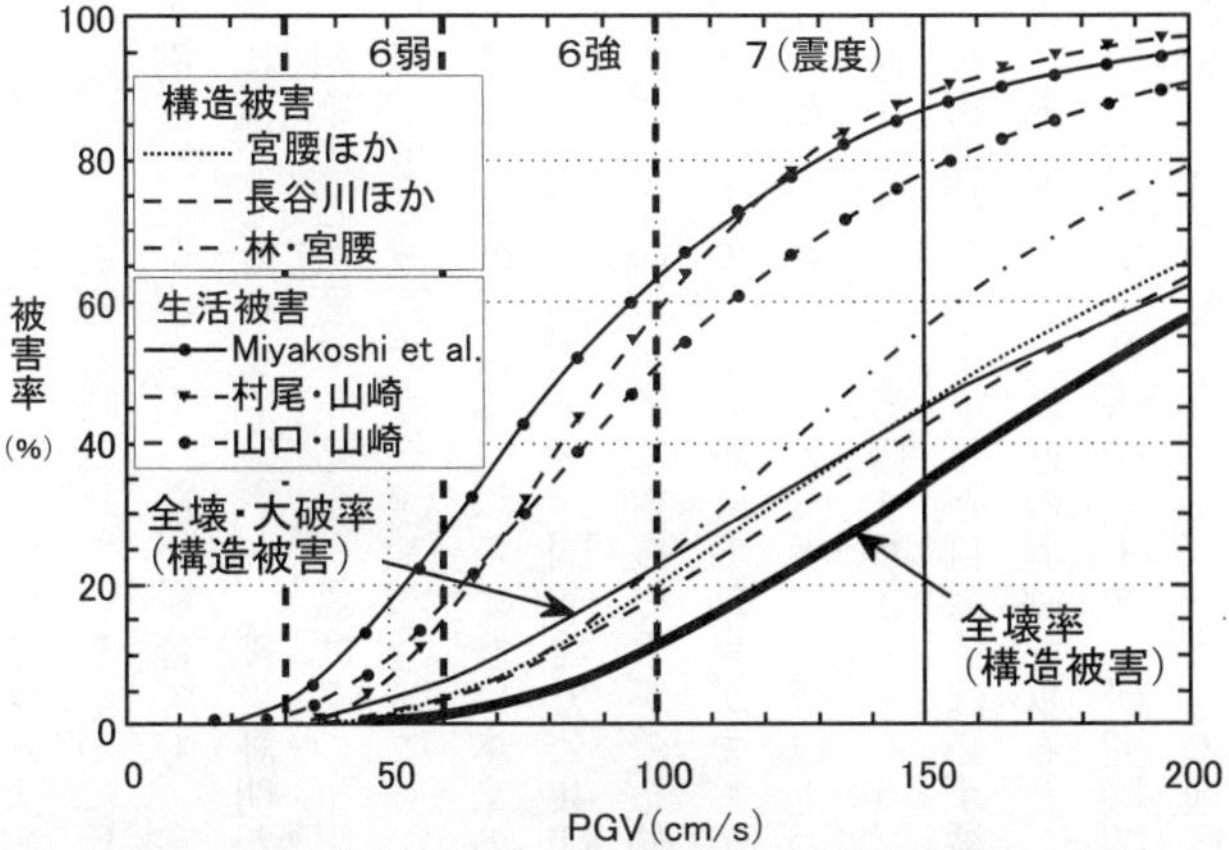

図27　被害データによって異なる平成７年兵庫県南部地震の被害率関数（諸井孝文・武村雅之〔平成15年〕より転載）

いいというものではない。

図27は、兵庫県南部地震に関して複数の機関がまとめた被害データから、地震動の最大速度に対して全壊率ないしは全壊・大破率（全半壊率）の関係を求めた結果である。なお、図には一四一ページの関係式で a/v＝10 を仮定して求めた震度も書かれている。図中の関係は明らかに二種類に分かれることがわかる。被害率が大きめのグループは、自治体の罹災証明に基づくデータから全壊率を求めたもので、図では生活被害と呼ばれている。もう一つは被害率が小さめの構造被害と呼ばれているグループで、建物の構造的な被害調査データから求められたものである。そのうち太線によるもっとも

低いのが全壊率、そのほかは全壊・大破率である。生活被害と呼ばれているグループの全壊率は、構造被害と呼ばれているものに比べてきわめて大きな被害率が評価されている。住家が構造的な全壊に至らない場合でも、室内の散乱状態などから居住のために基本的要件をすでに満足しないと判定され、罹災証明が発行されるケースがあったためと推測される。

対応する震度でみると、震度7の下限にあたる構造被害は全壊率一〇％程度であるのに対して、生活被害では五〇～六〇％にもなる。後者は、先に述べた震度7の定義からみてもきわめて不自然である。このように本来の意味とは異なる意味で被害程度を表す言葉を使うのには、法律の制約下で、国や地方公共団体による救援を幅広く行うというよい面があり、結果的に多くの被災者に救援の手が差し伸べられる。この点に関して私も異論はない。しかしながら一方で、耐震設計の効果がまちがって評価されたり、適切な防災対策が立てられなくなったり、さらには第三者に必要以上の恐怖心を掻きたてたりするなどの問題をともなう危険性があることも考慮すべきであろう。

被害地震が発生すると自治体は必ず被害を集計するが、そのほとんどはここでいう生活被害にあたる。また最近の事例をみると、これらの判定は自治体によって相当のばらつきがある。一方、構造被害のデータは研究機関や学会等による調査がベースとなるため、ばらつきが少なく信頼度は高いが、すべての地震に対してデータがそろうわけではない。このため一般には前者の結果が用いられる場合が多く、建物被害の実態をつかむ際に混乱を生む原因となっている。

兵庫県南部地震では構造被害のデータで全域をカバーするものには全壊と大破（半壊）を合わせた数値しかない。したがって表2のもととなった平成七年の『消防白書』の全壊棟数がその値を採用しているとすれば、図27からわかるように真の全壊数は約半分となる。この点を考慮して表2をみると、兵庫県南部地震でも全壊住家約一〇棟につき一人の割合で死者が出るという経験則が成り立っていた可能性が高い。

建築物を耐震設計するもっとも大きな目的は、人々の生命を地震から守るということである。そのためには、建物を地震によって構造的に全壊させないことがもっとも重要な要件である。図27の構造被害の全壊率をもとに、現在の日本における建築物に対してその目的の達成度を概略以下のように述べることができる。図27は昭和五六年以前の旧基準の建物とそれ以後の新基準に基づく建物すべてに対する平成七年当時の結果である。それでも震度6弱ではほとんど全壊する建物はなく、震度6強でも全壊は一〇％以下であった。さらに図25（一八三ページ）に示すように、新基準の建物で大きな被害を受けたものの割合は四分の一以下であったこともわかる。それらを総合すると、新基準で建てられたものでは震度6強で全壊するものはほとんどなく、震度7でも大多数は全壊しないものと推定される。

平成七年の兵庫県南部地震の被害を受けて国は耐震改修促進法を制定し、新基準を満たさない建物の耐震改修を進めることを決めた。その結果、新基準を満たす建物の割合を現状の約七五％から平成二七年までに九〇％以上とするべく、平成一八年に法律の改正を行った。もしこの目標が達成できれば、わが国の建物は地震でほとんど構造的に全壊しなくなり、地震の揺れによる直接の死者はほとんどいなくなると予想される。このように、地震による建物被害は耐震基準によって確実に減少している。現在の耐震基準を満たすこと、それが地震防災の原点であることをあらゆる立場の人々が再認識してほしい。

3　強震観測と予測の活用

佐野利器が柔剛論争のなかで「百年河清は待てず」といって始まった日本における本格的な耐震設計は、その後の地震災害の教訓を取り入れながら次第にレベルアップし、近い将来地震で全壊する建物がほとんどなくなるところまで社会を変貌させてきた。そのことは、現行設計における地震荷重が、地震に耐えるという建物の所定の目標性能を確保する方法として適切に機能してきたことを意味している。

ところが、設定された地震荷重が地震動と繋がり、地震荷重＝地震力として、将来起こる地震に対し適切な耐震性能をもつ建物を、自由な発想で設計できているかといえば、未だに〝河清〟が訪れているとはいえない。平成一二（二〇〇〇）年の建築基準法の改正では、はじめて地震動を工学的基盤で設定し、表層地盤の増幅や地盤と建物の相互作用を考慮して地震荷重を設定する枠組みが作られたが、実体は従来の地震荷重との整合を強く意識したものとなっている。

地震現象との繋がりを明確にし、耐震設計の説明性を高めていくためにも、強震観測や強震動予測を耐震設計にいかに生かすかは重要な課題である。強震観測の歴史、ならびに強震動予測の現状と課題は第二章と第三章でまとめた。それらの耐震設計へのかかわりの現状と今後の展望について考えてみよう。

超高層ビルの実現

超高層ビルとは一般に一〇〇メートルを超える高さのものを指す場合が多い。高さ一〇〇メートルはオフィスビルではほぼ二五階、住家では三〇階近くのものに対応する。また、法律上は、大臣認定が必要な六〇メートル以上（当初は四五メートル以上であったがその後の改正で六〇メートル以上となる）のものという方がいいかもしれない。いずれにしても日本では昭和三八（一九六三）年まで三一メートル以上の高さの建物は建設が認められていなかった。

しかしながら都市への機能集中が進み、ビルが大型化するにつれて一階分の床面積がだだっ広くなり、採光が悪かったり曲がりくねった迷路のような廊下になったりと、オフィスとして合理的な設計が難しくなって、都市の立体化が避けて通れなくなった。そんななかで超高層ビルへの期待が高まった。ところが、従来のビルのように、地震で揺れた際にできるだけ変形を抑えるような剛構造では、ビル全体がどうしても重くなる。すると同じ地震動を受けても地震力は大きくなり、さらに頑丈に造る必要からビルの下層階は柱と壁だらけになるという問題が生じた。これが超高層ビルを造る際の大きな妨げとなったことはいうまでもない。

そこで柔構造の採用が課題にのぼった。柔構造といっても柔らかすぎればぐにゃっと変形して元の状況に戻らない。かといって堅すぎると剛構造と変わらなくなる。適度な柔らかさにするために、地震のときの建物の動きを忠実に再現し、その結果をフィードバックして適正な揺れ方をするように設計の修正を繰り返す必要があった。このような設計法を動的設計法と呼ぶ。開発したのは、昭和初期の柔剛論争で眞島健三郎とわたり合った武藤清である。

武藤は柔剛論争のときには剛構造を主張した。地震動の性質がわからないこと、建物の詳細な振動解析ができないことなどが理由で、柔構造は時期尚早で、より確実でまちがいのない剛構造の方が当時としては無難だと考えたからである。ところが時代は大きく変わり、コンピューターの出現によって振動解析技術が進歩し、また実物人に近い試験体の破壊実験から弾性限界を超えた建物部材の性質も次第に明らかになってきた。何より米国では昭和八年から、わが国では昭和二八年から始まった強震観測によって強震動の記録が集積され、その性質が少しずつわかってきたことが大きな支えとなった。

実際観測された強震動を入力して建物各部に発生する力を計算してみると、建物が高くなるほど建物内に発生する地震力が小さくなる。建物が高くなるほど固有周期が長くなり、建物に影響する地震動の周期も長くなる。したがって、建物への影響という観点からみると、強震動は一般に短周期成分を多く含み、それに比べて長周期成分が少ない性質があるということがわかってきたのである。この現象は、建物に取り付けられた強震計による記録からも確かめられた。実態は、柔構造を唱えた眞島健三郎の推測どおりであった。

昭和四三年四月、わが国最初の超高層ビルである霞が関ビルが完成した。三六階、高さ一四七メートルで、一〇〇尺基準の名残を残す当時の東京では、東京タワーと並びひときわ人々の目を引く存在であった。霞が関ビル建設の様子は、映画『超高層のあけぼの』として、完成の翌年五月に東映から封切られた。当時の社会的な関心の高さを示すものである。武藤清は、日本初の超高層ビルの計画が具体化されると鹿島建設に招かれて副社長となり、設計・建設を指揮した。また、これらの功績によって昭和五八年に文化勲章を受章した。

新知見による検証

超高層ビルの設計には、実際の地震の揺れをそのまま建物に入力する動的設計法が取り入れられたために、入力する地震波が必要である。一般には、既往波と呼ばれる著名な強震記録と、サイト波と呼ばれる建設地点の近傍で観測された強震記録を用いることが多く行われてきた。既往波としてはエルセントロ波（昭和一五〔一九四〇〕年にカリフォルニアで発生したインペリアル・バレー地震〔M_w七・〇〕によるもの）、タフト波（昭和二七年に同じくカリフォルニアで発生したカーン・カウンティ地震〔M_w七・五〕によるもの）、八戸波（昭和四三年の十勝沖地震〔M七・九〕によるもの）の三つの記録が用いられることが多い。いずれも観測地点の名前を付して呼ばれている。振幅を速度にして二〇～二五センチメートル毎秒と四〇～五〇センチメートル毎秒の二種類に基準化し、前者をレベル一と称して弾性域での設計、後者をレベル二として塑性域にまでおよぶ設計に用いられてきた。

最大加速度値と最大速度値の比をだいたい一〇とすれば、おおまかにはレベル一は二〇〇～二五〇 gal、レベル二は四〇〇～五〇〇 galの揺れを支持層に入力していることになる。影響する周期帯が異なるので一概にはいえないが、レベル二を比べると、新耐震設計法における一般構造物で想定しているレベルの三〇〇～四〇〇 galに比べてワンランク上の入力地震動が念頭に置かれていることがわかる。ただし、この場合も、厳密な意味では実際に建設される建物に来るであろう地震動と設計に用いている地震荷重が繋がっているとはいえない。

これに対して、実際に建設地点に来る地震動と設計に用いる地震荷重を繋げようとする試みがはじめて実現したのは、東京湾の臨海部で超高層ビルの建設が始まった平成二（一九九〇）年ごろのことである。想定された地震は、関東地震の再来や安政江戸地震型の直下地震、さらには東海地震などである。それぞれの地震に対して、建設地点で強震動予測を実施し、その結果をサイト波として採用したのである。その後、同様に建設地点に応じて地震を想定し、強震動予測を行い、その結果を先の既往波やそのほかの観測記録とともに用いて地震荷重を決めようとする試みがなされてきた。

超高層ビルの実現は、地震国でまったく被害経験のない種類の建物を実現したという意味で、また理論が経験に先んじたという意味で、耐震設計の歴史において画期的な出来事であったといえる。その分、その後に蓄積された観測事実によって、結果の良し悪しを慎重にフォローし続ける必要がある。平成一五年九月に北海道で発生した十勝沖地震（M八・〇）は、平成七年の兵庫県南部地震後に整備された強震観測網のもとで起きた、はじめての海溝型巨大地震であった。この地震で観測された勇払《ゆうふつ》平野の強震動は継続時間が長く長周期成分が優勢で、震源から二〇〇キロメートル以上も離れた苫小牧の出光興産北海道製油所で石油タンクに大きな被害を与えた。

東大工学部建築学科の教授であった大崎順彦《よりひこ》（一九二一〜九九）の『地震と建築』（昭和五八年）には、

「固有周期の長い建築に、非常な大加速度で、強い影響を与える――つまり長周期の成分が非常に優勢な地震動は、いまだかつて無いということができる。……少々言い過ぎであることを許して貰えるならば、『入力の小さい超高層の方が、かえって設計は楽なのだ』といえないこともない」

と書かれている。しかしながら、図19（一三三ページ）のような長周期地震動の実体が少しずつわかってきた現在、このことがどの程度のものなのかということは、依然慎重な検討を要する課題である。このため、平成一五年の十勝沖地震の発生が契機となって再検証が始まった。

土木学会と日本建築学会が協力して「巨大地震対応共同研究連絡会」を設立し、海溝型巨大地震に対する、特に長周期地震動に対する構造物の備えは十分であるかの検討が行われた。私もその検討に参加した。そこでは、近年の強震動予測法を用いて主に東京、大阪、名古屋の大都市圏を対象に、それぞれの地域に将来発生の可能性があり影響が懸念される海溝型巨大地震、具体的には東海・南海地震や関東地震を想定し長周期地震動を評価して、既存の超高層ビルの安全性が検証された。

その結果、平成一八年に「海溝型巨大地震による長周期地震動と土木・建築構造物の耐震性向上に関する共同提言」が両学会の連名で出された。検討はさらに継続されているが、日本建築学会が担当した超高層ビルに関する部分をかいつまんでいうと以下のようになる。「現在の耐震技術に基づき慎重に設計された建物についてはほぼ耐震安全性が確保されていると考えられる。一方、きわめて大きな入力が予測される場合には耐震性能の検討と補強が必要になるものがあることが予想される」

また、委員の一人としてこの検討を通じて感じることは、強震動の予測結果は同じ想定地震の同じ地点を対象とした場合でも、評価者によって大きなばらつきを生じる。このため一人の評価者の結果に一喜一憂することなく、それぞれの評価の特質を充分わきまえて設計に生かす必要があるということである。

一方、建築基準法の耐震規定が適用される一般構造物に対しても、兵庫県南部地震による建物被害を受けて、従来の耐震規定で建てられてきた建物が、実際の強震動にどこまで耐えられるかを明らかにしようという要請が強まった。観測された強震記録を活用して、地震動と設計時の地震荷重との関係を明らかにしようとする動きである。その一環として、実物大の構造物を観測された地震動で揺すり、実際に破壊させられる超大型振動台が開発された。

独立行政法人防災科学技術研究所の兵庫耐震工学研究センターのE－ディフェンスと呼ばれる実大三次元震動破壊実験施設がそれにあたる。平成一七年から稼動し精力的な研究が続けられており、将来、〝河清〟が訪れるための大きな礎となることが期待されている。

新潟県中越沖地震と原子力発電所

実際に起こるであろう地震動と設計荷重とを繋げるという意味で、理想に近い設計体系をもつ唯一の構造物が原子力発電所である。原子力発電所に関してはさまざまな意見があり、国民にわかりやすく合理的に耐震安全性を説明するためには当然のことといえるかもしれない。詳しい説明は大崎順彦の『地震と建築』にゆずるが、そのような方法は、耐震上重要度のもっとも高いAsクラスに分類された建物や機器に適用される地震荷重の評価に用いられている。敷地に影響する可能性があるあらゆる震源を想定し、強震動予測法によってそれらの揺れを敷地直下の解放基盤で評価する。評価結果を包含する地震動を基準地震動として作成し、それを建物に入力して応答解析を行い地震荷重として設計に生かすしくみである。

このために、大地震を起こしそうな震源を敷地の近傍で見逃すことがないように、地質調査が特別に行われる。基準地震動に資する地震としてはこればかりではない。震源を特定する際の活断層データの限界にも配慮して、震源を特定できない地震による地震動も評価されている。震源を特定できない地震の地震動についての研究は例が少なく、そのなかで、加藤研一ほか「震源を事前に特定出来ない内陸地震による地震動レベル」（平成一六年）の研究が注目されている。

このような原子力発電所の設計について考えさせられる地震が発生した。平成一九年七月一六日に発生した新潟県中越沖地震（M六・八）である。この地震が東京電力柏崎刈羽《かしわざきかりわ》原子力発電所を直撃し、七つあるすべての原子炉が停止状態に追い込まれたのである。

その際、一号機の原子炉の入った建物（原子炉建屋）の最下階の基礎盤上で、六八〇gal の地震動が観測された。原子炉建屋や内部の機器は耐震設計上Asクラスに分類されている。ところが東京電力によれば、基準地震動から計算される同じ場所での設計値は二七三galであった。マスコミはこぞって、実際の地震の揺れが設計値をはるかに超えたという問題を指摘した。同時に、地震を発生させた海底活断層の存在を見逃してきたと、東京電力の責任も追及した。今回問題となった海底活断層は昭和五六年の耐震設計審査指針に基づき調査されたものので、平成一八年に改訂された指針に基づき再調査がなされる矢先に地震が起こったのではないかと推察される。

ところが、東京電力の引き続く発表によれば、発電所は重大事故に繋がることなく無事停止し、原子炉建屋や内部の重要機器に目立った損傷はなかったという。設計値をこれほど大きく上回った地震動が来たのに、なぜ建物や機器は壊れなかったのだろうか。原子力発電所では、前述のような理想的な地震荷重の算定法のほかに、もう一つの算定法を併用し、大きい方の地震荷重で設計が行われるしくみになっている。理想的な地震荷重の評価法は、合理的で説明性は高いが、活断層に代表されるような不確定な震源予測に依存するという面があるためである。第二の算定法とは、重要な建物や機器に対しては、いかなる場合でも一般構造物の三倍の水平震度で許容応力度設計をしなければならないという規定である。

原子力発電所は放射能の拡散を防ぐために建物内の壁の厚さを厚くしなければならないこともあって、代表的な剛構造物である。理想的な地震荷重の算定法のほかに、ここでも厳密には地震動と繋がらない地震荷重が安全性確保のために設けられているのである。建築基準法の一般構造物に対する設計震度は〇・二である。それの三倍で〇・六、基準法では鉄筋コンクリート造が岩盤に支持されている場合には地震荷重を〇・八倍にしてもいいことになっているので実際の設計震度は〇・四八となる。エネルギーなどの難しい議論はあるが、許容応力度設計の立場からみて、大雑把に一・五倍程度の安全率があり、少なくとも水平震度で〇・七二の地震力が作用してもびくともしない構造であることが予想できる。つまり六八〇galでほとんど無傷であったことはむしろ当たり前なのである。

私はこの地震での出来事によって、耐震設計はまるで人間の家族のようなものだと気付かされた。社会にはさまざまな難しい問題がある。次世代を担う息子は、できるだけ合理的に理屈の通った新しい方法でそれに立ち向かっていく。世間の人も説明性が高いので一般的には新しいやり方を支持する。ところが、社会の問題はそれほど単純ではなく理屈では通らないこともある。その際に登場し、しっかり息子を支えるのが頑固おやじである。多少わけのわからないところもあるが、経験に裏打ちされたおやじの発言には重みがある。

あたかも、最先端の科学が世の中を自然災害から救うといわんばかりのマスコミ報道がよくある。先端科学は先端であるがために折れやすく、また変化しやすい。そんなものにいちいち振り回されていたのではたまったものではないという面もある。社会はゆっくりと変化するものである。従来のやり方を踏襲する安定感のある方法も必要である。一方で、従来のやり方の踏襲だけでは進歩がないことも事実である。おやじと息子がお互いのよいところを認めあい協力しあってこそ耐震設計の効果も増すというものである。超高層ビルの設計において、建設地点とは縁もゆかりもないエルセントロやタフトや八戸の観測波がいまだに幅を利かせていることを疑問視する人もいると思う。それらに安住することは許されないにしても、設計者の多くが、相対的に建物の揺れ方の特性を把握するという意味も含めて、その存在意義を感じている間は存続すべきであろう。

壊れないから揺れないへ

耐震設計の進展によって全壊する建物が減り、地震によって人々が命を落とすことが少なくなったとはいえ、地震が起こるとその揺れによって室内はものが散乱し多くの財産が失われ、また生活や事業の継続ができなくなる状況は依然として続いている。そんな状況を打開するために、新しい型の構造物が登場している。制震構造と免震構造である。建物それ自体が地震の揺れに立ち向かい、それをかわしたり抑えたりして建物の揺れを減らし、建物に働く地震力を抑制して安全性を確保しようという構造物である。

このような構造は、アイデアとしては古くからあったようで、特に免震構造については、絶縁構造という呼び名で、田邊平學の『耐震建築問答』にも紹介されている。建物をバネの上に載せる、水に浮かす、ボールの上に載せる、吊り下げる、車に載せるなどさまざまな提案の例が書かれているが、結局は、

「絶縁構造として提案されているものには、面白い思付きのものも少なくないのでありますが、実行にあたって種々の困難をともなうものや、研究の充分でないものが多く、地震動の性質に就《つ》いて根本的に未だ不明な点が多い今日、これ等の方法によって近い地震・遠い地震・簡単な地震・複雑な地震等の総てに対して、果たして充分に安全を期し得るや否やは疑問とされています」

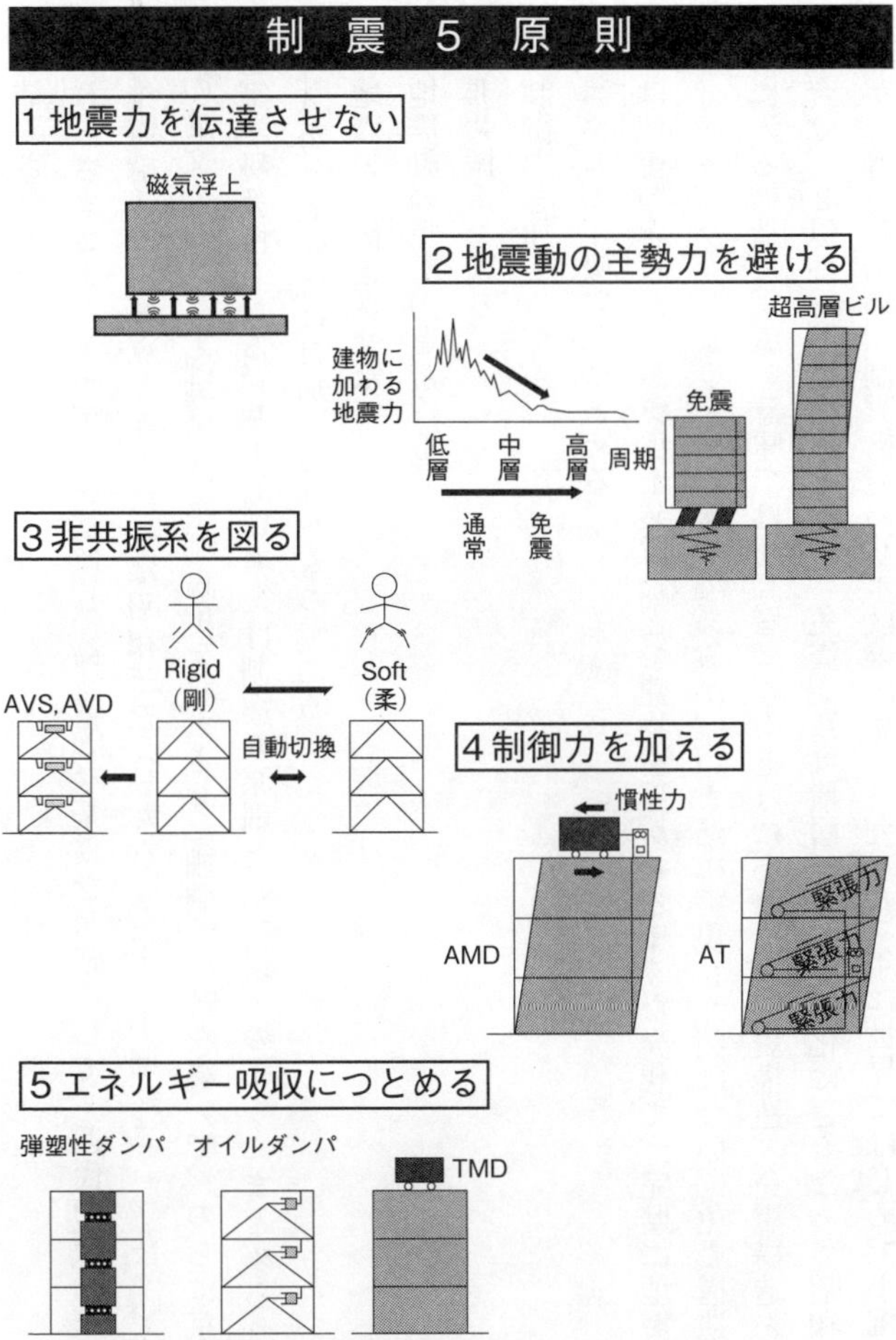

図28　制震 5 原則（小堀鐸二研究所作成リーフレットより転載）

と結論されている。

これらさまざまなアイデアを整理し、理論的な基礎を明確にして、近代的な意味での制震・免震構造の出発点となったのは昭和三五（一九六〇）年の小堀鐸二《こぼりたくじ》（一九二〇〜二〇〇七）の論文である。小堀鐸二は柔剛論争を収束させた棚橋諒の跡を継いで、のちに京大工学部建築学科教授となる。基本的な考えは制震五原則として以下のようにまとめられる（図28）。このうち4は後日加えられたものである。

1　地震力を伝達させない。
2　地震動の主勢力を避ける。
3　非共振系を図る。
4　制御力を加える。
5　エネルギー吸収につとめる。

1は地震のときだけ磁気浮上装置などで建物を浮かせるような発想で、完璧に地震の影響をシャットダウンしようとするものであるが、いまだに実現した例はない。免震構造は2の範疇に入る構造で、広い意味では超高層ビルもそれにあたる。制震構造、免震構造と併記する場合は、2以外を制震構造と呼ぶ。免震構造は積層ゴムの実用化にともなって昭和五八年ごろから普及し始め、制震構造のビルは平成元（一九八九）年に世界ではじめて小堀鐸二によって東京に誕生した。小堀鐸二は京大退官後、昭和六〇年に鹿島建設の副社長となり制震構造の開発・実現を指揮した。近年建てられた高層ビルには、ほとんどに揺れを減衰させる制震装置が設置され、制震構造は免震構造とともに、今や珍しくない存在となっている。

小堀鐸二がなぜ制震構造の研究を始めようとしたか。それは、棚橋の影響で塑性域での建物の挙動を把握し、どのようにすれば地震で壊れない建物が造れるかの研究の過程にあったという。

「塑性領域に入るということは非線形領域に入るわけですし、地震の波は定常的なものではないに決まっています。建物が塑性領域に入ってから助かるか助からないかは、かなり微妙なあたりです。……私の結論は、構造物の中で何かコントロールする仕掛けを考えたらどうかということでした」（小堀鐸二著『揺れを制する』平成一〇年）

どんな地震動が来るかは当分わからない。地震動を受身で待っているよりも、やって来る地震動に対して建物の構造を時々刻々変化させ、能動的に建物の揺れを制御しようとするか、建物内に能動的エネルギー吸収機構を設け、それによって建物の揺れを制御しようとするか、両者を併用するしかないと小堀は考えていた。

小堀のめざした制震構造の理想が完全に実現すれば、どのような強震動が来ても、建物がそれに対応して耐えられるという意味で、強震動予測は不要になる。ただし、図28からもわかるように、すべての制震構造は動的設計法の世界で実現可能なものである。つまり当面は地震動と不可分の関係にある。私が二〇年余り前に小堀研究室に配属になった際に、室長であった小堀本人からいわれた言葉を思い出す。

「地震動はわからないよりわかった方がいいに決まっている。君は地震動の研究を続けてくれ」

緊急地震速報

最近、強震観測や強震動予測を活用する道がもう一つ開けてきた。緊急地震速報である。気象庁では平成一六（二〇〇四）年二月から緊急地震速報の試験配信を実施してきたが、平成一九年一〇月からは一般向けの提供が開始された。緊急地震速報とは、地震の発生直後に、震源に近い地震計でとらえた観測データを解析して震源位置や地震の規模を示すマグニチュードをただちに推定し、これに基づいて推定した主要動の到達時刻や震度を各地に可能な限り素早く知らせるシステムである。

このような考えは、日本では昭和四七（一九七二）年に、当時東大地震研究所教授の伯野《はくの》元彦《もとひこ》らが海底地震計で揺れをキャッチし、都市が揺れだす前に地震情報を提供する「一〇秒前大地震警報システム」を提案したのに始まるといわれている。その後実用化の始まりは、鉄道総合技術研究所が開発した「ユレダス」で、地震動の揺れの最初に来るP波を検知し、いち早く情報を流して新幹線の減速をはかろうとするもので、昭和五五年ごろから開発が進められ、平成四年の「のぞみ」運行時から東海道新幹線で全面稼動している。

緊急地震速報をはじめ、これらのシステムで強震動予測をする場合の利点は、地震発生後に揺れを予測するという面で、震源を予測するという作業から解放される点である。反面、有効に活用できる時間を確保するためには、できるだけ迅速に来るべき揺れの強さを求めなければならない。このため、予測法の中身も、詳細な断層モデルで震源を表現するなど煩雑なことは止め、距離減衰式と呼ばれる簡単な経験式を用いてマグニチュードMと震源距離Xから揺れの強さを推定し、あらかじめ求めておいた対象地点の揺れやすさなどで補正して、揺れの強さを求めるのが一般的である。また予測する対象も、震度など単一量に限る場合が多い。

つまり迅速性が要求されることから、予測精度が心配される。このため過去に蓄積された多くの震度データから、対象とする地点に揺れが来る場合、どこで地震が起こるとMとXから評価される標準的震度に比べて、どの程度揺れやすくなるか、または揺れ難くなるか、あらかじめ地点ごとに求めておくことで予測精度を上げようとする試みがなされている（神田克久著「観測データに基づいて地盤伝播特性を考慮した震度推定」平成一九年）。経験的ではあるが、地震波の伝播特性と地盤特性の両方の評価が一度にできる方法で、現在気象庁が標準的方法として推奨している方法に比べて予測精度が改善されることも証明されている。まさに、関谷清景以来一二〇年以上にもわたるわが国における震度データの蓄積がこのような試みを可能にしているのである。

強震動予測法は従来、主に耐震設計に用いることを前提に開発が進められてきたが、強震記録や震度データなど各種観測データとも組み合わせ、条件に合わせた改良を行うことで、その活用領域が広がる可能性がある。その一つが緊急地震速報に合わせた活用である。

おわりに——地震への恐怖から理解へ

地震の揺れを予測し、地震によって壊れない家を造る。一〇〇年以上も前から地震防災の大きな柱として立てられたこの目標に向かって、先人たちが歩んできた道を振り返り、その現状についてここまで解説してきた。これらはすべて、我々を取り巻く周辺環境の話である。地震防災はこれで終わりではない。防災の主役は我々一人一人であるからである。我々自身が今後さらなる地震災害の軽減に向かって何ができるか、どのような意識をもって地震国日本で地震と共存しながら生活してゆくべきかについて、最後に考えてみたい。地震への恐怖から理解への歩みである。

第三の条件

戦中・戦後にかけて日本は多くの自然災害に見舞われた。表2（一六ページ）をみると、戦争が激しくなった昭和一八（一九四三）年から昭和二三年の五年間に、五つもの大きな地震災害が発生していることがわかる。この五年間にたまたま大きな地震が起きたからということもあるかもしれないが、そればかりではないのではないか。たとえば、実質賃金指数と呼ばれる経済指標をみると、終戦を挟んでこの時期大きな落ち込みがみられることがわかる。

実質賃金というのは、その当時の平均賃金を消費者物価指数で割った値であり、それを、基準とする年の値を一〇〇として指数で表したものが実質賃金指数である。社団法人日本リサーチ総合研究所が出している『二〇世紀における日本人の生活変化の諸相』を参照すると、終戦を挟む五年間、日本人は二〇世紀のうちでもっとも貧乏だったということがわかる。特に、三河地震が起こった昭和二〇年の一月ごろは、若者や働き手がすべて戦争に駆り出され、生活は終戦間際のどん底状況にあった。疲弊し尽くした国民に追い討ちをかけるように地震が起こったことが、一七ページで指摘したように、この地震の死者数が異常に多くなった原因の一つではないかと考えられる。

そのような状況が、建築基準法のできた昭和二五年ごろになると、戦前もっとも実質賃金指数の高かった昭和五年ごろとほぼ同じ水準にまで回復し、さらに昭和四〇年から昭和五〇年ごろにかけては高度経済成長で急激な伸びを示し、新耐震設計法ができた昭和五六年ごろには昭和二五年ごろの約四倍となり、その後も徐々に増えて平成一二（二〇〇〇）年には約五倍となっている。

建築基準法の説明でも述べたが、制定当時、設計震度の設定にあたっては、さらに高い数値にする必要があるとの議論があったが、戦後復興の足かせとならないように、また当時の地震動に対する研究段階ではそこまで議論ができるだけの資料がないということで見送りになった。つまり経済力、技術力がともなうようになるまで待とうという判断だった。地震に強い社会をつくるためには、第一の条件として経済力が必要、第二の条件として技術力が必要という点で納得できる判断だったと思う。昭和五六年の新耐震設計法の制定は、それらが整った段階で当然なされるべき改正であったといえる。

ところが、ここでちょっと問題がある。それは第三の条件が忘れられてきたのではないかということである。それは市民一人一人の防災意識である。高度経済成長で日本人は経済的に豊かになった反面、自然環境と共生して暮らしてきたという伝統・文化をどこかに置き忘れてきてしまったのではないかという心配である。

平成一九年三月に発表された文部科学省の「公立学校施設の耐震改修状況調査」によれば、平成一八年末までの小中学校の耐震化率は五七％である。まだ半数近くの学校が昭和五六年の新基準で定めた耐震基準を満たしておらず、耐震補強がされないままに放置されている。一般建物の耐震化率がすでに七五％であるのに比べてはるかに低い数字である。

この現状に異議を唱えて行動する保護者はほとんどいない。役所の問題と他人事のように思っているか、状況さえ知らずに無関心でいるかのどちらかである。日本がどのような自然環境にある国で、そこで大事なわが子を安全な環境で教育するためには何が必要かということは、思いを巡らせればすぐにわかるはずなのだが。これこそ日本人の防災意識の低さを端的に表す事例ではないだろうか。

慈母の愛と厳父の厳しさ

このような日本人と自然との関係について、随筆家としても有名な寺田寅彦は、その著作「日本人の自然観」（『東洋思想』昭和一〇年一〇月号）のなかで次のように述べている（要約）。

「日本の自然には慈母の愛と厳父の厳しさがあり、日本人はそのことをよく理解して、慈母の愛を享受し、厳父の厳しさには順《したが》って生きてきた。ところが困ったことに厳父の厳しさのことを忘れかけている人がいる。一方、西洋の自然は、比較的平易で、母の慈愛が案外欠乏している反面、厳父の威厳も物足りないために、自然を恐れることなく克服しようとする科学を育てるには格好の土壌であった」

最近は、科学技術の進歩によって、自然の厳しさをあまり感じることなく快適な生活を送ることができる。しかしながら日本では、一歩誤ると、あたかも厳父の言いつけに逆らう世間知らずの息子のような危なっかしいことにもなりかねない。そんなことを七〇年も前に、寺田は指摘していたのである。

そんな指摘を体現できる場所がある。神奈川県秦野《はだの》市にある震生湖《しんせい》である。この湖はその名のとおり、大正一二（一九二三）年の関東地震の揺れで、丘陵が二〇〇メートルにわたって崩落し、市木沢《いちぎ》という小さな沢をせき止めて誕生した。九月一日の昼ちょっと前のことである。今では、一帯が公園として整備され、湖ではヘラブナ釣りが楽しめる。土砂が崩落した跡には地形を利用したゴルフ練習場もある。震生湖は秦野市観光協会が推奨するハイキングコースのスポットにもなっていて、休日には多くの人々でにぎわっている。

震生湖はまさに自然の贈り物というべきで、訪れた人々の多くもそのように思って帰ってゆく。ところが、丘陵上のバス停のある道路脇を注意深く見ると、そうとばかりはいえないことに気付いた人もいるかもしれない。そこには二人の少女のための小さな供養塔がひっそりと佇んでいる。地震発生の日は、始業式でしかも土曜日だったために、二人は近くの南小学校から下校中にこの土砂崩れに巻き込まれた。今の震生湖の静けさからは想像もつかないことである。

図29　神奈川県秦野市の震生湖と供養塔（左上）（平成18年２月武村雅之撮影）

湖畔には昭和五（一九三〇）年に調査に訪れた寺田寅彦が読んだという句碑がある。

「山さけて　成しける池や　水すまし」

大地震で山が裂けて川がせき止められたということが嘘のように静まり返った湖の情景を読んだものである。まさに、自然には二つの顔があることを語りかける句だと思う。震生湖に行かれる折には、是非、供養塔のことも忘れないでほしいと私は思う。自然にはやさしい面と同時に恐ろしい面もあることがよくわかる所である（図29）。

地震が造る国土

「うさぎ追いし、かの山……」と唄われているふるさとの山や川などの自然は、幼いころの思い出とともに、多くの日本人の心のなかに生き続けている。しかしながら、これらの山や川の成り立ちとなると、ほとんどの人が気をとめることはない。私も、平成七（一九九五）年の阪神・淡路大震災が起こるまでは、そんなことをあまり考えないで暮らしてきた。きっかけは、被害に遭った人々が「関西には地震がないと思っていた」というのを聞いたことである。

なぜそう思ったかを詮索するうちに、神戸の人がふるさとの山と慕う六甲山が、数十万年以上もの間、何十回となく地震をともないながら隆起してできた山であることを人々が知らなかったことが原因ではないかと思うようになった。六甲山の形を見ると、海岸からしばらく平坦な土地があり麓《ふもと》から急にせりあがり、頂上付近は横一線に峰が並んでいる。急にせりあがる山の麓には山を造ってきた痕跡として活断層がある。その下には地震の原因となった震源断層がある。今回の地震でも六甲山は約二〇センチメートル高くなったという。地震は六甲山を造る長い営みの一こまなのである。

自分のふるさとの山もそんな形をしていると思う人がいるだろうが、それは当然のことである。日本の内陸部で多くの人々が暮らす盆地も、まわりの山が六甲山と同じようなしくみで高くなってできた窪地《くぼち》だからである。盆地の縁、山の麓には必ずといっていいほど活断層がある。地震がなければ盆地も生まれず内陸部に都市ができることもなかった。平成一六年に起こった新潟県中越地震の後に、被災地の一つである長岡市に行った。その際、朝ふとホテルの窓から東の方をみると、六甲山にそっくりな山並みがみえた。魚沼《うおぬま》丘陵（長岡付近では東山丘陵と呼ばれている）である。そこにも地震をともなって造られてきたふるさとの山があった。そのほんの一こまが今回の地震なのである。

地震によってできた土地に住んでいるのは、盆地に住む人だけではない。関東地方でも、房総《ぼうそう》半島南部や三浦半島の海岸線沿いの平地のほとんどは、相模湾で巨大地震が幾度となく起こり、そのたびに海底が隆起して造られてきたものである。関東地震や元禄地震は、そのなかの最新の二回である。

東京駅から内房線の特急さざなみ号に乗って約二時間、千葉県南房総市千倉《ちくら》町に着く。まず海岸線沿いに南へしばらく行くと、平磯《ひらいそ》の海岸に出る。海岸沿いの新道から海をみると、今しがた海から現れたような白いごつごつした岩の海岸がみえる。これが関東地震で海から顔を出した部分である。その道から内陸部に入ると広い平らな土地があり、一面お花畑になっている。その土地が、元禄一六（一七〇三）年、今から約三〇〇年前に元禄地震で海から顔を出したところである。さらに内陸へ階段状の土地を登るとまた広い平らな土地がある。そこは今から約三〇〇〇年前の地震で海から顔を出したところである。つまり元禄地震以前は海岸のすぐそばだった土地である。その証拠に今でも旧道が走りその周りに集落がある。この旧道が国道四一〇号線である。さらにその上にも約五〇〇〇年前の地震で海から顔を出

図30　館山市見物でみられる元禄段丘（手前）と大正段丘（人のいるところ）と未来の段丘（平成19年３月武村雅之撮影）

したと推定されている平らな土地がある。そこに「鯨塚」で有名な長性寺《ちょうしょうじ》が建っている。その向こうは山地でほとんど人は住んでいない。

房総半島南部は空からみると、どこでも同じように海から段々畑のように平らな土地が続いている。図30はその一つ館山《たてやま》市見物《けんぶつ》の海岸で、元禄地震でできた平坦地から関東地震でできた岩棚を写した写真である。人がいるところが関東地震でできた岩棚で、そこでは人間が造ったとみられる窪みをいくつもみつけることができる。関東地震前には海岸すれすれにあったところで、磯釣りをする人が釣った魚の生簀《いけす》として掘った窪みだそうである。その向こうに波で見え隠れする岩棚がみえる。まるで次の地震で陸になる準備をしているようである。

このように南房総では、道路や鉄道、お花畑、さらには人々の住む家など、暮らしのすべてが地震の際に海から顔を出した土地にある。そこに住む人はまるでローンを組んで地震から土地を譲り受けたみたいだと私は思う。土地を手に入れたときはとてもうれしい。そこでさまざまな自然の恩恵も受けることができる。ただ忘れてはならないのはローンのことである。ローンを忘れているとどうなるか、言わずもがなのことである。それこそまさに、寺田寅彦が言った慈母の愛と厳父の厳しさではないだろうか。

我々一人一人の歴史は、幾度となく繰り返される地震の歴史に比べて、はるかに短く、ときにはそのうちの一サイクルにも満たない。このため身のまわりの自然が、地震をともなって大規模に造られていることが実感できないのも無理はない。ところが昔の人々は、そのような自然の営みを感知し、生活の場や美しいふるさとの風景を与えてくれる自然に畏敬《いけい》の念を忘れてはいなかった。

明治、大正、昭和、平成と生活が近代化するにつれて、そのような意識が次第に薄れてきたようである。それが科学技術への過信からくるとすれば恐ろしい。日本列島は今現在も創造中である。地震はその創造の過程が集中する瞬間である。地震を起こすような変動がなければ我々のふるさともなかった。そんな理解を、今度は科学によって社会に広めてゆく必要があると思う。そんな自然への理解こそが防災意識を形成する根底になければならないのではないかと思うからである。

地震火山こどもサマースクール

地震や火山噴火は、ときに大切な人の命を奪い、人々の生活を立ち行かなくする。「地震や火山は克服すべき敵だ」という気持ちもよくわかる。被害にあった人が地震や火山をおぞましいと感じるのは当たり前のことである。そんな人々の気持ちが痛いほどわかるのであえて発言をしてこなかったが、我々地震や火山を研究する者は、そのような姿勢に何か釈然としないものを覚えるのである。

こんなときに、防災のためには、意識の根底に自然への理解がなければならないことに気付かされた。自然を研究する者がその延長線上で社会に役立つことができそうだと感じた。同じ考えをもったマスコミの人や小中高の先生や自治体職員、さらには一般市民の人たちと協力して始めたのが地震火山こどもサマースクールである。

地震火山こどもサマースクールは、日本地震学会の学校教育委員会の初代委員長であった都立高校教員の桑原央治《えいじ》の呼びかけによって、日本地震学会と日本火山学会の有志が集まり、平成一一（一九九九）年夏から始められた。平成一九年までに八回、ほぼ毎年夏休みに全国各地で開催し、今では知る人ぞ知る恒例行事になっている。その目的は以下の二つである。

1　研究の最前線にいる専門家が、こどもの視点にまで下りて、地震・火山現象のしくみや本質を直接語る。

2　災害だけでなく、災害と不可分の関係にある自然の大きな恵みを伝える。

「丹那《たんな》断層のひみつ」と題して行われた初回の平成一一年を例に、サマースクールを紹介しよう。初回は地震をテーマとして丹那断層を対象に行った。丹那断層は伊豆半島の中央部を走る断層で、表2（一六ページ）にもある昭和五（一九三〇）年の北伊豆地震（M七・三）を起こした断層である。テーマは、かわるがわる地震と火山にかかわるものを設定している。

夏休みが終わろうとする八月二〇日の朝、静岡県函南《かんなみ》町の中央公民館に集合した子供たちがまず行ったのは自己紹介ゲームである。先生や参加者の人たちと互いに顔見知りになることが目的のゲームである。次に子供たちは数チームに分けられた。チームは学年縦割りで、高校生をリーダーとして小学校五年生までで編成され、これ以後すべての活動はチームごとに行うことになる。

そしていよいよ本番開始。専門家の一人である静岡大学教育学部の小山真人助教授（現在は教授。スクールの生みの親の一人でもある）から、チームごとに考える課題が出された。それからバスに乗り、伊豆スカイライン玄岳《くろだけ》北西駐車場に向かった。子供たちはそこから丹那盆地を見下ろして、丹那断層がどこを通っているか捜さなければならない。指導は活断層の専門家である東京都立大学（現在は首都大学東京）の山崎晴雄《はるお》教授である。先生のヒントを参考に、ああでもないこうでもないとチームごとに話し合った。

次は丹那盆地に降りて丹那断層公園に移動した。ここは昭和五年の北伊豆地震の際に現れた地表地震断層が保存されているところである。ここでも子供たちに断層のありかを捜させた。答えの出ている看板などはあらかじめ紙で隠されている。サマースクールの特徴は、子供たちに簡単に答えを教えず、とことん考えさせることである。質問に対して正解を答えたり、正解でなくても奇抜な発想や逆に鋭い質問をしたりした子には、「なまずカード」が配られる。チームごとにその数の多さを競うのである。

子供たちから答えが出尽くしたところで、公園内の地下を掘った観察壁面の前で山崎教授から地震と断層の関係が説明された。丹那断層は横ずれ断層で、平成七年の阪神・淡路大震災でも同じ横ずれの断層が現れたことも子供たちは理解できたようだ。私からは、断層の近くは地震の被害が多いが、地盤の弱いところではもっと地震の被害が大きくなる場合があることを説明した。断層から離れているからといっても油断は禁物であることを子供たちに理解させるためである。

昼ご飯を食べて池の山峠の断層で地形観察をやり、午後は函南町農村環境改善センターで実験をしたり、講義を聞いたりした。断層模型実験は小麦粉とココアの粉を使ってスライドケースに五層の地層を積み重ね、固めて端から押して逆断層を作るものである。単純だけれどもこれがなかなか面白い。大人も子供も毎回夢中になってやる実験である。子供たちがそれぞれに創った作品（断層）をもって、一人一人記念撮影をするのも恒例となっている。

次は地盤の液状化実験である。半分に切ったペットボトルの底に一〇〇ccの水を入れ、その上に五〇〇ccの砂を入れる。スプーンで水が一ヵ所に固まらないようにかき混ぜて、砂の上に消しゴムなどを載せる。それらの準備ができたらペットボトルの横をたたいて地震と同じような状況を作る。すると表面にあった消しゴムがみるみるうちに沈んでゆく。これが液状化現象である。

実験が終わると、多目的ホールで講師からまとめの講義を聞いた。最後に今日一日で集めた「なまずカード」の最高数の発表と、一人一人に断層実験で写した写真入りの「なまず博士認定証」を配って終了した。

現在は、一泊二日を標準として、はじめに出された課題に対して、チームごとに話し合った結果を二日目の最後にみんなの前で発表してもらっている。発表には一般市民も自由に参加できるようにし、開催地の市長や町長も参加することがある。発表に対しては専門家がそれぞれに講評することになっている。子供たちには緊張の一瞬である。

図31　みんなの一人力で成功した地震火山こどもサマースクール（平成16年８月８日撮影、於神戸）

私も初回から講師の一人として参加している。子供たちとのふれ合いでは印象深いことが多い。なかでも第五回の「Mt. Rokko のナゾ」で子供たちが発表した言葉が忘れられない（図31）。「地震は一瞬、めぐみは一生」という言葉である。阪神・淡路大震災という途方もない大災害をもたらした六甲山の自然は、一方では神戸に水の恵みをもたらし、神戸を灘の生《き》一本で知られる日本有数の酒どころにした。また何より、神戸の人々に美しいふるさとの山として憩いの場を提供してきた。このことを一言で言い立てた名言である。我々主催者の意図が確実に伝わっているようで感激の瞬間でもあった。

また子供たちは同時に「一人の百人力

より百人の一人力」という言葉も残してくれた。地震防災の基本だというのである。

生活を豊かにする地震防災

二一世紀に入り、毎年のように大きな被害をともなう地震が起こっている（二八七ページ表6）。そのたびにテレビのニュースは、避難所に行かざるを得なくなった人たちを映し出す。平成一九（二〇〇七）年三月二五日に発生した能登半島地震（M六・九）もその一つであった。避難所が高齢者で溢れかえっているのをみて、あるニュースキャスターが問題の深刻さを訴え、国や自治体がこの事態を何とかしなければいけないと強調していた。私と一緒にテレビをみていた妻がこの人たちの子供は何をしているのだろうかという。地震が来たら壊れるような家に親を一人ぼっちにしていていいのだろうか。一緒に住めないまでも、家具の固定くらいは子供が責任をもってできないのだろうか。

先に述べた学校の耐震補強が進まない現実にしても、耐震補強が必要だということは、多くの校舎が昭和五六（一九八一）年以前に建てられたもので、二〇年以上、なかには三〇年以上も前の古いものだということである。校舎がそうなのだから、なかの設備も老朽化して時代遅れになっている。耐震的であるかどうかの前に、未来を担う子供たちをこんな酷い施設に押し込めておいていいのだろうかということを、もう一度我々大人が考えるべきではないだろうか。

自分が天から授けられた人生の三分の一は親のために、三分の一は子供のために、そして残りの三分の一が自分で自由に使える部分だと心得てほしい。そうしなければ、世代間のバトンタッチが滞り日本は滅びてしまう。ひょっとして日ごろ気付かないことが、地震が起こると顕在化するのではないか。地震の被害は鯰のせいばかりではない。人間社会が日ごろもつ歪に原因がある被害も多いのではないだろうか。そんな思いが頭をよぎることがある。

地震防災でよくいわれる言葉に自助、共助、公助というのがある。公助は国や地方自治体などの公の機関の助け、共助は地域の助け合い、そして自助は自分や家族で頑張ることである。神戸の子供たちが考えてくれた「一人の百人力より百人の一人力」の一人の百人力は公助とそれに頼る姿勢を表し、百人の一人力は自助、共助で一人一人が防災を心がけることを表している。公助は最後の手段である。

ところが最近の我々の身のまわりをみると、共助どころか近所付き合いすらしない人たちがいるらしい。自助どころか家族はてんでんばらばらなんて家庭も多いかもしれない。マンションに住んでいるから近所と付き合わなくてもいいなんて考えている人がいれば大きな心得違いである。マンションは骨組みはすべて共有、その間の空間だけが自分のものである。骨組みに何かあればみんなで協力しない限り問題は解決しない。マンションに住んでいる人こそ日ごろの近所付き合いが必要なのである。集合住宅であるということを忘れてはならない。

私は最近、みなさんに家族防災会議をもつことをすすめている。第二章のミニドラマにも登場した。その際も思い出してほしいのが「一人の百人力より百人の一人力」という言葉である。自分一人で何とかしようとすると、精神的にも大変だし、それだけで家族が皆安全になるかといえばそうでもない。わが家では、平成七年の阪神・淡路大震災を契機に、年に二回家族防災会議を開いている。いざというときのために、そこで話し合ったことと、緊急時に必要そうな電話番号や保険証のコピーなどを裏表一枚の紙にまとめ、全員で持ち歩くようにしている。

わが家はもともと八人家族だった。構成は私の父母と妻それに四人の子供たちである。子供たちは成長するにつれて自分の都合がいろいろあるとみえて、会議に全員そろうことは少なくなってくるが、それでも何とか都合を付けて出ているようである。家族や地域のためという考えが社会の基本になければならないことに少しずつ気付いてきたのだろう。各自防災袋の点検を行い、室内の安全性にはそれなりに配慮しているようでもある。これこそ一人力の実践である。非常食や水などの防災用品の点検、買い替えなどを終えた後、夕食は必ず家族そろってレストランでごちそうを食べる。日ごろなかなか夕食をともにできない家族が集まるよい機会である。ただこのときの費用ばかりは、私の百人力に期待が集まるのは仕方がない。

日本に住む限り地震との共生は避けられない。そのためには、家族の協力を核として、地域や学校との連携が欠かせない。自分の住む場所の自然環境を理解すること、また歴史をさかのぼって過去の災害を知ることも重要である。一言でいえば、今住んでいる地域にしっかりと根を張ることが不可欠だということである。これは子供たちのための故郷づくりにも通じると思う。ここまでくるともう地震防災のためというより、我々の生活を豊かにする活動である。地震防災といえば面倒な気もするが、多少高い視点からこの問題をとらえてみてはどうだろうか。きっとよい結果につながると思う。

本書では、過去の地震災害をとっかかりとして、地震を知り災害を防ぐために努力してきた日本人の歴史を振り返り、さまざまな問題が残されているにしても、そのおかげで地震に対して相当抵抗力のある社会に、我々が暮らせているということを説明してきた。その仕上げはやはり我々市民一人一人に負うところが大きい。自然に対する畏敬の念を忘れず、「一人の百人力より百人の一人力」を合言葉に、地震災害のない豊かで人間味のある生活を送れる社会を実現することこそが地震防災の究極の目的である。そのことを最後に申し上げて私の「地震と防災」の話を閉じることにする。

本書をまとめるにあたり、株式会社小堀鐸二研究所専務取締役の金山弘雄氏には、耐震設計に関する部分について多くの貴重な御意見をいただいた。氏は鹿島建設株式会社において、武藤清先生ならびに小堀鐸二先生のもとで高層ビルや制震構造物実現の第一線で活躍された方である。また本書の構成全般にわたり読者の立場から助言をいただいた中央公論新社の高橋真理子氏にも謝意を表します。

参考文献

（一）関東地震についてのもの

中村左衛門太郎「大地震の観測」『気象集誌』第二輯第一巻第九号（大正一二年）
今村明恒「関東大地震調査報告」『震災予防調査会報告』第一〇〇号甲（大正一四年）
今村明恒「関東大地震に因れる各地方火災」『震災予防調査会報告』第一〇〇号戊（大正一四年）
中村清二「大地震による東京火災調査報告」『震災予防調査会報告』第一〇〇号戊（大正一四年）
竹内六蔵「大正十二年九月大震火災に因る死傷者調査報告」『震災予防調査会報告』第100号戊（大正一四年）
諸井孝文・武村雅之「関東地震（1923年9月1日）による木造住家被害データの整理と震度分布の推定」『日本地震工学会論文報告集』第2巻（平成一四年）
武村雅之『関東大震災——大東京圏の揺れを知る』鹿島出版会（平成一五年）
諸井孝文・武村雅之「関東地震（1923年9月1日）による被害要因別死者数の推定」『日本地震工学会論文報告集』第4巻（平成一六年）
武村雅之『手記で読む関東大震災』古今書院（平成一七年）
武村雅之「現代に生きる関東大震災の記憶」『月刊地理』9月号、古今書院（平成一八年）
内閣府中央防災会議編『1923関東大震災報告書（第1編）』（平成一八年）

(二) その他の地震についてのもの

山崎直方「陸羽地震調査概報」『震災予防調査会報告』第11号（明治三〇年）
今村明恒「大正三年秋田県仙北大地震調査報文」『震災予防調査会報告』第八二号（大正四年）
津屋弘達「鹿野・吉岡断層とその付近の地質――昭和18年9月10日鳥取地震に関する地質学的観察」『東大地震研究所彙報』第22巻（昭和一九年）
岸上冬彦「昭和18年9月10日鳥取地震の被害」『東大地震研究所彙報』第23巻（昭和二〇年）
Mikumo and Ando「A Search into faulting mechanism of the 1891 great Nobi earthquake」『J. Phys. Earth』第22巻（昭和五一年）
石橋克彦『大地動乱の時代』岩波新書（平成六年）
気象庁編「平成7年（1995年）兵庫県南部地震調査報告」『気象庁技術報告』第119号（平成七年）
武村雅之・諸井孝文・八代和彦「明治以後の内陸浅発地震の被害から見た強震動の特徴――震度Ⅶの発生条件」『地震』第2輯第50巻（平成一〇年）
勝間田明男・橋田俊彦・三上直也「明治の東京地震（1894年）の震源パラメータについて」『地震』第2輯第52巻（平成一一年）
諸井孝文・武村雅之「1995年兵庫県南部地震による気象庁震度と住家全壊率の関係」『地震』第2輯第52巻（平成一一年）
永井理子・菊地正幸・山中佳子「三陸沖における再来大地震の震源過程の比較研究」『地震』第2輯第54巻（平成一三年）

村尾修・山崎文雄「震災復興都市づくり特別委員会データに構造・建築年を付加した兵庫県南部地震の建物被害関数」『日本建築学会構造系論文報告集』第555号（平成一四年）
武村雅之・神田克久「震度データによる短周期地震波の震源推定」『歴史地震』第23号（平成二〇年）
山下文男『津波てんでんこ』新日本出版社（平成二〇年）

（三）科学史、伝記

藤井陽一郎『日本の地震学』紀伊国屋新書（昭和四二年）
須田瀧雄『岡田武松伝』岩波書店（昭和四三年）
地震学会編「日本の地震学百年の歩み」『地震』第2輯第34巻特別号（昭和五六年）
橋本万平『地震学事始――開拓者・関谷清景の生涯』朝日選書237（昭和五八年）
大橋雄二『日本建築構造基準変遷史』日本建築センター出版部（平成五年）
小堀鐸二『揺れを制する』鹿島出版会（平成一〇年）
山下文男『君子未然に防ぐ――地震予知の先駆者今村明恒の生涯』東北大学出版会（平成一四年）
武村雅之「近代的強震観測開始以前からある強震データとその活用――変位型強震計記録、震度観測値、被害データ」『防災科学技術研究所資料』第264号（平成一七年）
金凡性『明治・大正の日本の地震学――ローカルサイエンスを超えて』東京大学出版会（平成一九年）
石垣祐三「明治・大正時代の震度観測について――震度データベースの遡及」『験震時報』第70巻（平成一九年）

（四）教科書、解説書

今村明恒『地震学』地学叢書第四巻、大日本図書（明治三八年）
大森房吉『地震学講話』新世紀講話叢書（明治四〇年）
田邊平學『耐震建築問答』丸善（昭和八年）
佐野利器・谷口忠『耐震構造汎論』岩波全書（昭和九年）
石本巳四雄『地震とその研究』古今書院（昭和一〇年）
田邊平學『家・地震・台風』読売新書（昭和二九年）
建築学大系編集委員会編『建築学大系』第一五巻月報（昭和三二年）
柴田明徳『最新耐震構造解析』最新建築学シリーズ9、森北出版（昭和五六年）
久田俊彦『地震と建築（改訂版）』鹿島出版会（昭和五七年）
大崎順彦『地震と建築』岩波書店（昭和五八年）
村松郁栄『大自然の力』退官記念有志の会（昭和六三年）
鹿島建設編『超高層ビルなんでも小事典』講談社ブルーバックス（昭和六三年）
杉山英男『地震と木造住宅』丸善（平成八年）
国立科学博物館編『THE地震展』図録（平成一五年）
山中浩明・武村雅之・岩田知孝・香川敬生・佐藤俊明『地震の揺れを科学する』東京大学出版会（平成一八年）
地震調査研究推進本部編『「全国を概観した地震動予測地図」報告書』（平成一九年）
地震調査研究推進本部編『地震がわかる！　Q&A』（平成一九年）

日本地震学会地震予知検討委員会編『地震予知の科学』東京大学出版会（平成一九年）
目黒公郎・藤縄幸雄編著『緊急地震速報——揺れる前にできること』東京法令出版（平成一九年）

（五）論文、資料

大森房吉「地震動の強度と被害との関係調査報告」『震災予防調査会報告』第21号（明治三一年）
佐野利器「家屋耐震構造論」上・下編『震災予防調査会報告』第八三号甲・乙（大正五、六年）
佐野利器「耐震構造上の諸説」『建築雑誌』第41輯第491号（昭和二年）
眞島健三郎「耐震構造問題に就いて」『建築雑誌』第41輯第491号（昭和二年）
眞島健三郎「佐野博士の耐震構造上の諸説（評論）を読む」『建築雑誌』第41輯第494号（昭和二年）
小堀鐸二・南井良一郎「制震系の解析」『日本建築学会論文報告集』第66号（昭和三五年）
浜松音蔵・宇佐美龍夫『日本の地震震度調査表Ⅰ－Ⅵ（一八八五～一九八四）』日本電気協会（昭和六〇年）
太田外気晴・嶋悦三・丹羽正徳・池浦友則・武村雅之「東京湾岸における高層建築物の耐震設計用入力地震動評価」『日本建築学会構造系論文報告集』第426号（平成三年）
活断層研究会編『新編日本の活断層』東京大学出版会（平成三年）
入倉孝次郎・三宅弘恵「シナリオ地震の強震動予測」『地学雑誌』第110巻（平成一三年）
吉岡美保・目黒公郎「兵庫県南部地震の被害データによる建築年代別建物被害関数の構築」『第一回日本地震工学会研究発表・討論会梗概集』（平成一三年）
加藤研一「改正建築基準法に至る地震外力の考え方」第30回地盤震動シンポジウム（平成一四年）

宇佐美龍夫『最新版日本被害地震総覧』東京大学出版会（平成一五年）
諸井孝文・武村雅之「被害関数のばらつきと被害の解釈」『日本建築学会大会講演梗概集』（平成一五年）
加藤研一・宮腰勝義・武村雅之・井上大栄・上田圭一・壇一男「震源を事前に特定出来ない内陸地震による地震動レベル」『日本地震工学会論文集』第四巻（平成一六年）
神田克久「観測データに基づいて地盤伝播特性を考慮した震度推定」震度計の設置促進と震度データの利用高度化に関するシンポジウム、土木学会（平成一九年）
武村雅之「強震動予測が必要とする活断層研究」『活断層研究』第28号（平成二〇年）

（六）その他

関谷清景「地震および建築」『東洋学芸雑誌』第七巻第一〇〇号（明治二三年）
岡田武松『測候瑣談』鐵塔書院（昭和八年）
寺田寅彦「日本人の自然観」『東洋思想』一〇月号（昭和一〇年）
内田一正『人生八十年の歩み』（平成一二年）
土木学会・日本建築学会編「海溝型巨大地震による長周期地震動と土木・建築構造物の耐震性向上に関する共同提言」（平成一八年）
社団法人日本リサーチ総合研究所編『二〇世紀における日本人の生活変化の諸相』（http://www.research-soken.or.jp/reports/digit_arch/）
日本地震学会・日本火山学会編『地震火山こどもサマースクール』（http://sakuya.ed.shizuoka.ac.jp/kodomoss/）

武村雅之（たけむら・まさゆき）

1952年京都市生まれ．東北大学大学院理学研究科博士課程修了（理学博士）．鹿島建設株式会社技術研究所入所後，異動を経て，現在，同研究・技術開発本部小堀研究室プリンシパル・リサーチャー．日本地震学会，日本地震工学会，日本建築学会等の理事や委員，中央防災会議専門委員などを務める．2007年日本地震学会論文賞受賞．

著書『関東大震災』（鹿島出版会，2003）
『手記で読む関東大震災』（古今書院，2005）
『地震の揺れを科学する』（共著，東京大学出版会，2006）
『天災日記——鹿島龍蔵と関東大震災』（鹿島出版会，2008）

地震《じしん》と防災《ぼうさい》
中公新書 *1961*

2008年8月25日発行

著　者　武村雅之
発行者　浅海　保

本文印刷　三晃印刷
カバー印刷　大熊整美堂
製　本　小泉製本

発行所　中央公論新社
〒104-8320
東京都中央区京橋 2-8-7
電話　販売 03-3563-1431
　　　編集 03-3563-3668
URL http://www.chuko.co.jp/

定価はカバーに表示してあります．
落丁本・乱丁本はお手数ですが小社販売部宛にお送りください．送料小社負担にてお取り替えいたします．

Published by CHUOKORON-SHINSHA, INC.
Printed in Japan　ISBN978-4-12-101961-5 C1240